庶民芸能と仏教

関山和夫

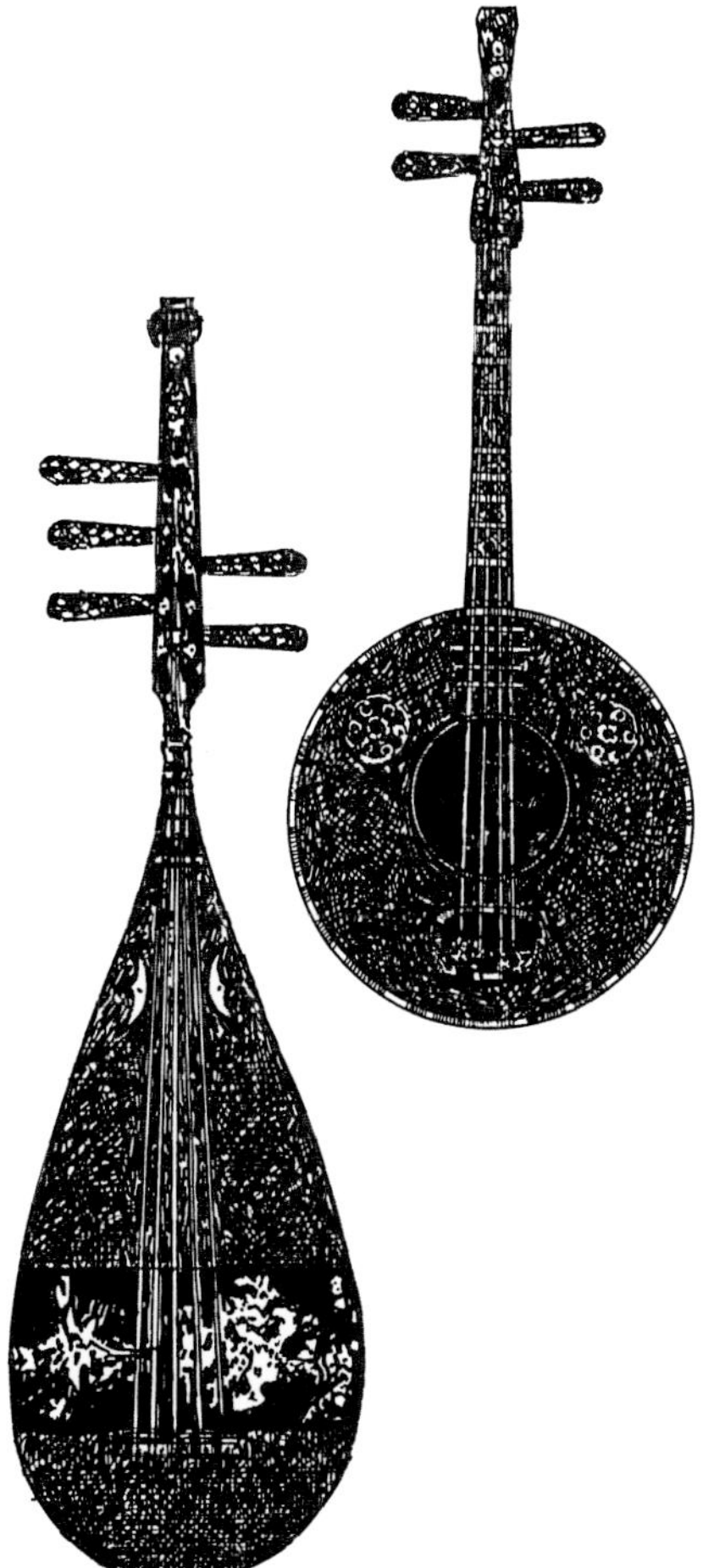

大蔵出版

まえがき（新装版によせて）

関山和夫は、僧名を精全《しょうぜん》という。愛知県江南市《こうなんし》前飛《まえひ》保町寺町《ぼちょうてらまち》、日輪山曼陀羅寺・世尊院――懐かしいわがふるさとである。

昭和初年の曼陀羅寺には、まだ古風なしきたりが十分に残り、僧の生活は厳しいものであった。毎朝、薄明に梵鐘が鳴り、本坊をはじめ八か寺の塔頭《たっちゅう》寺院で、いっせいに晨朝《じんじょう》の勤行《ごんぎょう》が行われる。「一、掃除・二、勤行・三、学問」が浄土僧の基礎修行と教えられ、私はそれに素直に従っていた。

私は十一歳で得度し、浄土宗西山《せいざん》派の僧としての第一歩を踏みだした。白衣白足袋で墨染めの法衣とねずみの袈裟《けさ》をつけた私の姿を見て、両親はすこぶる満足げであった。やがて『浄土三部経』速読の特訓を受けた私は、音吐朗々と読んで檀家《だんか》のお年寄りたちをよろこばせたりした。そして、十八歳の時、加行《けぎょう》（法脈相承）をして、いよいよ僧の自覚をもつようになった。仏教学や浄土宗学を私なりに一生懸命学んだこともあった。

昭和三十一年の春に、私は微力をかえりみず法務多忙な寺（生家）を離れることにした。学徒の道に専念したかったのであり、決して還俗《げんぞく》したのではない。その後、無檀家の寺に十三年間住職し、昭和四十四年から在家住まいをするようになった。しかし、実際には私は生家（曼陀羅寺・世尊院）を出た時、みずから好んで宗門から飛びだしてしまったことになる。寺の後継者の持っていたすべての装飾が私の体からなくなり、私の煩悶は、より深まっていった。私の心に、にわかに生じた焦燥が私の全身を連日ふるわせた。背水の陣による非力の私の研究の仕事が苦悩と並行して歳月は敏速に流れ去っていった。

寺を出た私の道は、予想以上に険しいものであった。思いがけない難関がしばしば待ち構えていた。そこで私は、人生苦ある限り仏は不滅であると信じ続けねばならなかった。寺の子の宿命というべきであろう。日本文化史を研究する学徒として、国文学や日本芸能史を専攻する私に与えられるテーマは、ことごとく仏教に関するものである。

私は今、寺院生活から離れている。だが、仏を喪失したのではない。一瞬でも私の心から仏が消えた時には、宙に置かれたような虚脱感におちいってしまう。かつて私は、葬式や法事に明け暮れる旧態依然たる因習に満ちた寺院生活を非難して父を大いに困らせた。父は「今にわかる」といって苦笑していた。父の死後、三十三年を経た今、私はしみじみと父のことばがわかる。思えば長い「今にわかる」であった。

自分史を語ることは面映《おもはゆ》く、せつない。それでも仏教に関する書物を書こうとする今の私にとっては、この告白は大切なものだ。私は今、文学や芸能の研究に従い、佛教大学で若い僧たちに仏教文化を講じながら、懐かしい寺院生活を思いだす。とたんに僧侶の自覚が強くよみがえる。今の私にとって経典や教義を研究することは重要であるが、それは学問上のことであって必ずしもそれが窮極のものではない。弥陀の本願は、もとより学術研究の対象ではない。「みだりに沙汰すべからざるもの」でなければならない。如来の誓願は観念や理屈ではない。そのように考える時、私は煩悩具足の拙《つたな》いわが身にまで弥陀の本願が及ぶ広大な仏の悲心に感動し、生の厳しさに改めておどろくとともに、寺の子に生まれた宿命を今さらながらよろこぶのである。

確かに私は、過去の著述は国文学・芸能史学研究者の立場で書いた。それゆえに仏教方面における著書を、真の仏教者の立場で出してみたいという願望が常に心の中にあった。今回は、私本来の純仏教者の立場で書きおろしたものである。なお、本書は学術論文として書いたものではないので、細かい典拠や参考資料を示したりしなかったが、私なりの考証や参考文献については拙著『説教の歴史的研究』(法藏館)、同『説教の歴史』(岩波新書)をご参照いただきたい。

私の故郷である曼陀羅寺には、嫁見祭・虫干会《むしぼしえ》・曼陀羅開帳・彼岸会など縁日が数多くあり、そのつど広い境内は殷賑《いんしん》をきわめた。今は〝藤まつり〟で賑わうが、私の子供のころの賑やかさに較べれば大きな相違があり、まことに今昔の感にたえないものがある。昔の縁日には、境内で見世物・のぞきからくり・芝居などが必ず行われ、露天商がずらりと並んで香具師《やし》が活躍し、人の波であった。堂内では説教があり、廊下や縁側で阿呆陀羅経《あほだらきょう》を口演するものがあった。虫干会には絵解きをするものもあり、大変な賑わいであった。仏教・生活・芸能（娯楽・遊び）を一体とする庶民の生活構造が、まだ昭和十年ごろにはこの寺で十分に見られた。私の仏教芸能研究への道は、こうして肌で感じとったところから出発している。

本書は、昭和六十三年『庶民文化と仏教』と題し出版したが、今回新装版をだすにあたって書名を『庶民芸能と仏教』と改題した。日本の庶民文化史の底辺に深く根を張った仏教芸能の成立と発展過程を追求し、個々の実例を示しながら、仏教が演じてきた日本文化史上の役割を摘出し、評価しようと意図したつもりである。

平成十三年六月

関山和夫

庶民芸能と仏教　目　次

第三章　民間芸能の進展……一一三

第一章　仏教歌謡

1　御詠歌と和讃

御詠歌

　よろづ代の願ひをここにおさめおく水は苔よりいづる谷汲

岐阜県揖斐《いび》郡谷汲《たにぐみ》の谷汲山華厳《けごんじ》寺は、西国三十三所観音の三十三番霊場であり、往古から多くの信者を集め、御詠歌の合唱が山間にこだました。同寺は私の郷里に比較的近く、寺育ちの私には忘れ難い思い出となっている。いわゆる西国三十三所の歌が組織化されたのは、近世初頭のころと思われるが、谷汲の御詠歌は『千載《せんざい》集』十九に見えているので、御詠歌としては最も古いといえよう。

　御詠歌とは、霊場を巡礼する時に、それぞれの霊場にちなんで歌唱する和歌体の仏教讃歌をいう。和歌体の仏教讃歌は『万葉集』にも若干見えているが、御詠歌としては西国三十三所のものが古い。

これは西国三十三所におのおの一首ずつあてた花山院奉納の勅吟《ちょくぎん》と伝えるものであり、後世にはそれをまねたいろいろな歌も生まれている。観音菩薩に三十三身の示現《じげん》があって世を摂化《せっけ》するという教説は、仏教伝来後、わが国の民間信仰として旺盛に支持され、多数の信者を獲得した。西国三十三番は全国に知られ、西国巡礼は四国八十八所巡礼とともに中世・近世を通じてすこぶる盛んであった。

三十三番巡礼の起源については諸説がある。さまざまな伝説の中で、養老年間（七一七〜七二四）に長谷寺《はせ》の徳道が入寂《にゅうじゃく》したところ、閻魔《えんま》大王から観音霊場が三十三か所あることを教えられ、各霊場の宝印を授けられた……蘇生してから深く観世音菩薩を信仰し、三十三か所霊場の巡礼をはじめたというのが最も興味深い。また、別に花山法皇が石川寺の仏眼《ぶつげん》や書写山の性空《しょうくう》などから霊場巡拝の霊験を聞いて巡礼がはじめられたという仮説もある。文献的な考証の上では、『寺門高僧記』の「行尊伝」に観音霊所三十三所巡礼記が載るのが古い。また、同書の「覚忠伝」に応保元年（一一六一）正月に三十三か所の巡礼をしたことが記されている。行尊は、永久三年（一一一五）に三井寺の長吏となり、保安四年（一一二三）に天台座主《ざす》になった人であり、覚忠はそれより少し後の時代の人であったが、西国三十三番巡礼の時に美濃《みの》の谷汲山華厳寺で詠《よ》んだ歌が『千載集』に出ている。室町時代の文献の中で三十三か所のことを記している主なものは、『桂川地蔵記』『拾芥抄』『天隠語録』などであるが、これらの文献に記されている三十三か所を注意してみると、三十三か所巡拝の順序にずいぶん異動があることに気づくのである。長谷寺が最初になったり、最後になったりする。これは、おそらく交通の便を考えてコースにしたがう方法をとったものであろうと思われる。室町時代までの文献では「西国」という二字はなく「三十三所」と記してあるだけである。それが近世に入ってからの文献に「西国」「坂東」「秩父《ちちぶ》」などの文字が冠せられるようになったのは、区分を明らかにするための策であったものと思われる。

三十三か所観音巡礼が盛んに行われるようになったのは江戸時代であった。寛文—元禄（一六六一〜一七〇四）のころから三都（江戸・京都・大阪）にそれぞれ三十三所を設け、諸霊場の観世音菩薩を勧請《かんじよう》した。秩父だけが一つ増えて三十四番札所となったのが興味深い。それで西国・坂東・秩父を合計して百観音というのである。

霊場を巡拝することを「巡礼」とか「お遍路」とかいうのであるが、その巡礼の時に唱える歌を「巡礼歌」（「順礼歌」）と称している。巡礼歌がすべて和歌の形をとっているのは、釈教歌《しやくきようか》の影響で生まれたからである。和歌陀羅尼《だらに》は、和歌は日本の国の真言であるとする考えから生じたものであった。和歌はすなわち仏道を意味するという考え方もあった。鈴を打ち鳴らして御詠歌を唱える形式には呪術性が包含されている。御詠歌を唱える時に用いる鈴が密教の法具であることはいうまでもない。

御詠歌と和讃の違いは、御詠歌は短歌の形式をもち、和讃は四句一首などをはじめ、長詩の形式をとっているところにある。霊場巡拝（巡礼・順礼）の目的は、一度これを行うと、たとえ悪業をなしても速やかに消滅し、悪因縁からのがれることができると説かれ、現世利益《げんぜりやく》と来世果福《らいせかふく》を祈るところにあり、平安時代から朝野の間で非常に流行した。もちろん右の主たる目的のほかに、旅行の楽しみもあり、遊びの要素も多分に含まれていた。さらに難病にかかった人たちの遁世《とんせい》の手段として巡礼が行われたこともある。各霊場には、ことごとく御詠歌があり、観音講の集いもあった。各所で開催される御詠歌大会は、要するに〝のど自慢大会〟であり、全国各地から集まる人たちが〝のど〟を競う。これは昭和二十年代に及んでも、なお盛大であった。むろん今日でも所によっては大いに行われているが、都会では若者の参加はあまり見られない。その昔、巡礼者は道路にひしめき、道端には茶店が巡礼者のために開設されたという。一種悲哀の音調をもって歌いあげる御詠歌は、そのまま民衆の切実な祈願をこめたエレジーでもあった。

西国三十三番の寺院は、天台宗十六か寺、天台寺門宗一か寺、真言宗《しんごん》十三か寺、法相宗《ほっそう》二か寺、北法相宗一か寺であるが、坂東三十三番には、天台・真言・浄土・曹洞《そうとう》の各宗があり、秩父三十四番には曹洞・臨済・真言・天台の寺院がある。要するに観音信仰は宗派を超えたものであり、この三十三番札所のほかにも全国各宗寺院に観音堂を本堂とは別に建てて御詠歌の奉納が盛んに行われてきたのである。

御詠歌の作者については、よくわからないが、その節《ふし》まわしは、中国で同じように霊場巡拝の時に唱える偈文《げもん》やチベットラマ教の六字《ろくじ》大明呪《だいみょうじゅ》などに使うものに酷似しているといわれている。しかし、わが国の御詠歌には、他国にはないユニークな節まわしが工夫され、伝承されている。

特に時宗《じしゅう》の四世・呑海《どんかい》が創始したと伝える「呑海節」は御詠歌界では有名である。呑海は相模《さがみ》の出身で、二祖他阿《たあ》真教《しんきょう》に入門して時宗の僧として活動し、初賦算《ふさん》は因幡《いなば》の西光寺であったという。嘉暦二年（一三二七）に六十三歳で入寂したが、彼が何時《いつ》どのようにして御詠歌を考えたのかは文献的にはよくわからない。しかし、この呑海節は全国に流布し、各地で継承されている。「高野山節」も御詠歌の中ではすぐれたものであり、そのほか「京都節」「名古屋節」「甲州節」というものもあって、それぞれが特色を誇る。「半海節」というものもあるが、これは「なかば呑海節」の意である。これらは、一般にはわかりにくいが、その筋では現代に継承され、娯楽の一つともなっている。

御詠歌の曲節は、声明《しょうみょう》はもとより、小歌、俗謡などがまじり合って日本人の好みに合うようにつくりあげられている。仏教芸能の一つとしても御詠歌の存在は見のがせない。

『西国三十三所名所図会《ずえ》』十巻、『坂東三十三所観音霊場記』十巻、『百観音霊場記』などに記されている縁起と『順礼歌要解』『順礼諺註』『御詠歌仮名鈔』などに収められる詳細な御詠歌の解説は、日本文化史や芸能史を考察する上で重要な資料である。御詠歌は、かつて庶民生活の心の支えとして日本全国で愛誦された日本の歌であった。現在も、詠唱は新時代の宗教音楽として盛んであるが、伝統的な御詠歌は若者の支持を失いつつあるのが気がかりである。

なお、御詠歌は、観音巡りだけではなく、他の霊場巡りにもあることはいうまでもない。「四国八十八ケ所御本尊御詠歌」「釈迦如来三十二相御詠歌」「信濃国善光寺御詠歌」「武州六阿弥陀御詠歌」「地蔵大菩薩四十八体御詠歌」「京都六阿弥陀御詠歌」「山城国六道地蔵尊六所御詠歌」「弘法大師御詠歌」「円光大師二十五霊所（霊場）御詠歌」など、各地で行われている。

次に「諸仏御詠歌」をあげておく。庶民の願いがよくこめられていて、口ずさんでみると実に楽しいものである。

山城国柳谷　千手観世音

御仏《みほとけ》のなびく柳の谷水は汲むに老いせぬ薬なりけり

奥の院

うらゝかや柳も風になびかれて仏の御影《みかげ》うつる谷水

第一番　奈良二月堂十一面観世音

ありがたや不思議は一か二月堂若狭の水を迎ひ汲みとる

第二番

行ひの法《のり》の燈《ともしび》ありければ二世安楽を祈るなるらん

第三番

世を救ふひろき恵みは滝つ瀬の流れてたえぬ法《のり》の水かな

第四番

きさらぎの堂にをさむる順礼歌くりかへしよむ滝の白糸

第五番

西国　手引観世音

煩悩の垢をすゝぎて二月堂万《よろず》の病《やまい》癒《いや》す滝つ瀬

京都　清水　奥院　千手観世音

あらたふと手引きたまへる観世音高き賤しき人も択《えら》まず

子安　千手観世音

滝つ瀬はたえず流るゝ清水を結ぶ誓は奥の白浪

近江国　立木観世音

胎内に宿りしよりも頼みつる子安の堂へ参る身なれば

大和国　生駒山　十一面観世音

濁る世の人を立木のそのまゝに捨てぬ誓ひを頼むばかりぞ

大阪　円珠庵　十一面観世音

十悪のこの身を捨てずこのまゝに宝の山に入るぞうれしき

仮の世に癪《しゃく》で苦しむ人あらば大慈大悲を頼め救はん

大阪　大福寺　十一面観世音

芦そよぐ塩瀬の波のいつまでか浮世のなかに浮びわたらむ

摂州　吾彦山　厄除聖観世音

残なく身の障《さわり》をばはらはなん縁吾彦《えにしあびこ》の寺に詣でて

おなじく

波わけて捧げし龍《たつ》のたなごころいまに仏の台《うてな》とぞなる

羽前国　湯殿山　聖観世音

彼《か》の岸に願ひをかけて大綱の引く手に漏《も》る人はあらじな

京都　三十三間堂　千手観世音

数ふればながき三十路《みそじ》の三つのまに御法《みのり》の声も数まさりして

浅草　聖観世音

深き咎《とが》いまより後《のち》はよもあらじ罪浅草《つみあさくさ》へ参る身なれば

和泉国　堀越　観世音

世のなかに癪《しやく》で苦しむ人あらば大慈大悲をたのめすくはん

津の国　中山寺　奥の院

極楽の東門《とうもん》ひらく観世音《かんぜおん》我《われ》を忘れて唱へこそすれ

おなじく
紫の雲こそなびけ行きて見ん吾彦《あびこ》の峰に神ぞましますます
摂州　中山寺　石唐戸
極楽の東門ひらく観世音我《われ》を忘れて行くすごすなよ
河内国　野崎　十一面観世音
聞くならく野崎の寺のそのむかし江口《えぐち》の君の名のみのこれる
瑞光寺　観世音
諸人《もろびと》の頼みをこゝにくぢら橋直《すぐ》なるこゝろ守りたまはん
摂津国　摩耶山　十一面観世音
摩耶《まや》の名を仏の母と聞くからはこれぞまことの慈悲の水上《みなかみ》
紀伊国　あぢの　観世音
あら尊《とう》と弘むる法《のり》や花の山登ればこゝろの暗《やみ》も明《あけ》なん
名古屋　大須　宝生院　観世音
ものゝ数《かず》拝《おが》み巡《めぐ》りて罪深き我身《わがみ》もやがて仏なりけり
大和国　高市郡　小房　観世音
たゞたのめ大慈大悲の観世音小房《おぶさ》の里のあらんかぎりは

おなじく

かりのよに癪《しやく》で苦しむ人あらば大慈大悲の頼み救はん

山城国　宇治郡醍醐　一言寺　十一面観世音

たゞためめ仏《ほとけ》に虚《うそ》はなきものぞ二言《ふたこと》いはぬ一言寺《ひとことでら》かな

山城宇治　黄檗《おうばく》竜興院　子安千手観世音

自《おのずか》らこゝろ涼しき宇治川の清き流れにうつる月影

準提観世音

ありがたや満《み》ちし願ひを一筋に繰返《くりかえ》しつゝ祈る行末《ゆくすえ》

（武石彰夫編『仏教和讃御詠歌全集』（下）所収）

和　讃

和讃というのは、一般の通説としては「和語讃歎」の意味である。日本語による仏教讃歌の一種であり、内容は仏・菩薩の功徳や教法、祖師、列祖、高僧などの業績をほめたたえたものである。社寺の縁起もある。

和讃の数は、おびただしくあるが、唱えやすく、覚えやすくできているので誦すれば楽しいところに娯楽性もある。七五調で四句以上数十句、数百句という具合に作られている。これに節《ふし》をつけて歌うために、仏教芸能の一つとしての別の評価も生まれる。和讃は、平安時代の中ごろからすでに行われていたようであり、現代まで継続している。日本の仏教歌の中で、和讃は質の上でも、量の上でも、まことにすぐれたものと私は思っている。

和讃の作者については疑問視されているものが多いが、古い時代のものとして慈恵大師作といわれる『本覚讃《ほんがくさん》』、千観阿闍梨《せんがんあじゃり》作といわれる『極楽国弥陀和讃』、源信僧都《そうず》作と伝える『極楽六時讃』『天台大師和讃』などがある。注目すべきものとしては、円仁作『舎利《しゃり》讃歎』、千観作『弥陀和讃』、前述の良源（慈恵大師）作『（註）本覚讃』、源信作『天台大師和讃』『極楽六時讃』や『山王和讃』（源信作か？）、覚超の作といわれる『弥陀如来和讃』（作者については疑問がある）、珍海作『菩提心讃』、信西作？『智證大師和讃』、證真作？『慈恵大師和讃』、源空作？『涅槃《ねはん》讃』、蓮心作？『十楽和讃』、聖光作？『善導和讃』、親鸞作『三帖《さんじょう》和讃（浄土和讃・高僧和讃・正像末和讃）』『聖徳太子和讃』、日蓮作？『法華《ほっけ》和讃』、一遍作『別願和讃』『百利口語』、叡尊作『真言安心和讃』『光明真言和讃』、観慶作『新羅太神和讃』、宥快作『無常和讃』、空也作と伝える『空也和讃』、良観作『法然上人奉讃』『親鸞聖人奉讃』『皇太子奉讃』、蓮体作『弘法大師奉讃』、加祐作『心行自然和讃』などであるが、『地蔵和讃』のようにあまねく歌われたものもある。

多数の和讃の中で、特に留意したいのは、親鸞の『三帖和讃』である。四句一章という形式に特色があり、諷唱には最も適している。『歎異抄《たんにしょう》』第十五章には「和讃にいはく『金剛堅固の信心の、さだむるときをまちえてぞ、弥陀の心光照護して、ながく生死《しょうじ》をへだてける』とはさふらへば」とあり、親鸞を敬慕する人たちの間で非常に尊重されてきたものである。

この和讃には、親鸞の教えのすべてが組織的に述べられている。親鸞は、経典や教義をわかりやすく一般の人々に知らせようとして和讃を製作したのではなく、諷唱の効果を考えたのであろうと思われる。親鸞の和讃は、用語がむずかしい。仏教語がすこぶる多く、漢文を訓読するような部分もある。親鸞の音楽的な詩的センスを高く評価したい。意味を理解することよりも、口で唱えて覚えこむ感覚重視の方法がすばらしい。『三帖和讃』は、親鸞が八十余歳に達してからの製作だが、いささかも老いを感じさせない力作だ。迫力に富む。諷唱の中に念仏を交える効果は絶大であり、庶民の心をよくとらえた。

のちに蓮如は『三帖和讃』を開版した。文明五年(一四七三)三月のことである。これ以後『三帖和讃』は広く民間に流布し、近世に及んで真宗独特の節談《ふしだん》説教において親鸞の和讃は必ず引用されて人口に膾炙《かいしゃ》した。『浄土和讃』の冒頭にある「弥陀の名号《みょうごう》となへつつ、信心まことにうる人は、憶念《おくねん》の心《しん》つねにして、仏恩《ぶっとん》報ずるおもひあり」「誓願不思議をうたがひて、御名《みな》を称する往生は、宮殿《くでん》のうちに五百歳、むなしくすぐとぞときたまふ」をはじめとして『高僧和讃』『正像末和讃』の名文句は、真宗門徒の耳の底に深く浸透していった。親鸞の和讃は、江戸時代に入ってから、大いに広まった。注釈書が数十種類も出たほどである。ところが、真宗においては親鸞の和讃があまりにもすぐれているために、新しい和讃がほとんど成立しなくなってしまった。

浄土宗の方では、江戸時代に入ってから優秀な和讃ができた。禅宗においても『達磨《だるま》講和讃』や『坐禅和讃』ができ、真言宗においても観音奉讃などの和讃が生まれている。江戸時代にできた和讃は、近世という社会意識が反映して実に芸能・娯楽風の色彩を帯び、見方によっては低俗なものが多数生産された。『道成寺清姫和讃』『苅萱《かるかや》道心和讃』『石童丸《いしどうまる》和讃』『賽《さい》の河原地蔵和讃』などが江戸時代の庶民に大いに親しまれた。この系列の和讃は、江戸の庶民文化を知る上で参考になる。

浄土宗の無能（一六八三〜一七一九）が製作した『阿弥陀伊呂波《いろは》和讃』『発願《ほつがん》和讃』『帰命《きみよう》本願和讃』『浄土生蓮和讃』は秀逸である。無能は惜しくも三十七歳で入寂したのであるが、その短い生涯の中で、すぐれた才能を十分に発揮して数々の和讃を残した。『勧進詠歌集』も彼の作である。無能の教えを受けた直弟子の不能は、師匠（無能）の伝記を詳しく述べた『無能上人和讃』を作った。浄土宗西山《せいざん》派にも英空俊瑞が作った『西山国師行状和讃』という力作がある。

浄土宗の和讃としては『中将姫和讃』『曼陀羅供略和讃』というものもある。『曼陀羅供略和讃』は、長編六百二十七句にも及ぶものであり、元禄十五年（一七〇二）八月の奥付をもつ。これは、当《たい》麻《ま》曼荼羅（浄土変観経曼荼羅）を解説したものであり、「まんだら絵解き」の詞《ことば》を和讃の形にしたものである。有名な中将姫の発願、曼荼羅（「マンダラ」は真言宗系では「曼荼羅」、浄土宗系では「曼陀羅」と書くことが多い）を中将姫が蓮の糸で一夜にして織りあげた縁起をうたい、さらに曼荼羅の絵相を右の縁《へり》（序分義《じょぶんぎ》）、左の縁《へり》（定善義《じょうぜんぎ》）、下の縁《へり》（散善義《さんぜんぎ》）、中央（玄義分《げんぎぶん》）の順序で解説し、続いて曼荼羅の銘文のことを述べ、最後に曼荼羅の功徳について述べるのである。

如来巧智の恩徳を　報じても猶《なお》報ずべし
欲求浄土の本尊は　この曼陀羅にしくはなし
自ら信ずるのみならず　人に教えてもろともに
帰りなんいざ極楽の　華《はな》のうてなの曼陀羅を
供養和讃の徳により　同得往生さはりなく
引道三有及法界《いんどうさんぬぎゅうほうかい》　至心帰命阿弥陀仏

絵解きに和讃までつけているのは珍しく、これは仏教芸能の一つの方法として注目したいところだ。この『曼陀羅供略和讃』も『中将姫和讃』も、ともに民間で広まったものであり、浄土宗が公認して法会《ほうえ》などに用いたものではない。まさに庶民の芸能であり、庶民文化の所産である。

浄土宗系のものでは『累得脱《かさねとくだつ》和讃』というものもある。これは『祐天《ゆうてん》上人一代記』（『累解脱《かさねげだつ》物語』）に発する特異な和讃である。文献の上では、元禄三年（一六九〇）刊『死霊解脱物語聞書』に発するもので、この累《かさね》の怪異談は、四代目鶴屋南北の『法懸松成田利《けさかけまつなりたのり》剣《けん》』（二番目序幕は「色彩間苅豆《いろもようちょっとかりまめ》」として有名）、三遊亭圓朝の『真景累ケ淵《しんけいかさねがふち》』に及ぶ（このことについては、後の本書の第五章「落語にあらわれる仏教」で詳述する）。

天台宗真盛派（天台真盛宗）の祖である真盛《しんぜい》は、明応四年（一四九五）に五十三歳で入寂しているが、彼は源信を崇拝して一派を開き、弥陀の本願を信ずる教えを示した。そのために、真盛派には阿弥陀如来をたたえる和讃が残されている。天台真盛宗総本山の西教寺において明治十一年十月に『西方浄業式』が開版された。その中に「円戒国師行状伊呂波和讃」「別願和讃」「来迎和讃」「円戒国師和讃」「極楽国弥陀和讃」などが入っている。

近世に入ってからの和讃は、中世以前のものに比較すると多分に芸能的であり、歌い方にも興趣を覚える。江戸時代になってから真言宗にも観音和讃ができた。庶民が作った和讃は、稚拙で素朴な味をもっていて親しみやすいのが特徴である。西国順礼和讃、四国霊場和讃などには盛んな民間信仰が包含されている。江戸時代は、仏教が完全に庶民生活の中に浸透したために、どの宗派でも和讃を楽しみ、説教も行われた。禅宗では、万治年間（一六五八〜一六六一）に『達磨《だるま》講和讃』ができた。『達磨大師和讃』というものもある。白隠《はくいん》は、臨済宗再興の祖とまでいわれ、明和五年（一七六八）に八十四歳で入寂したが、この人に『坐禅和讃』という作があった。「衆生本来仏《しゆじようほんらいほとけ》なり、水と氷のごとくにて、水を離れて氷なく、衆生のほかに仏なし」と詠じて民衆に親しまれたものである。文政八年（一八二五）には、月山《がつさん》が『発菩提心空拳章《ほつぼだいしんくうけんしよう》』という和讃をこしらえた。『臨済宗聖典』に「授戒和讃」というものも見えているが、授戒に和讃がついたのも、法芸一如《いちによ》の姿勢を示したものとして注目される。

江戸時代には、倫理道徳を説く和讃が生産されている。『孝行和讃』『善悪種蒔《たねまき》和讃』『教訓和讃』『児童和讃』『善悪因果説和讃』など多数ある。仏教的な発想でできたものであるが、神道・儒教・心学などが背景にある。善因善果、悪因悪果を説き、子供たちに唱えさせて道徳教育をしたのである。「それ人間とうまれては　まづ孝行の道を知れ　親に不孝のともがらは　とり獣《けもの》にもおとれりと　古人《こじん》は恥《はじ》しめおかれたり」（『孝行和讃』）、「およそこの世にうまれては　貴《たっと》き賤《いや》しきおしなべて無病ながいき銭《ぜに》かねは　誰しもねがふことなれど　病身若死《びょうしんわかじ》に貧乏を　いやでもするは何故《なにゆえ》ぞ　前世でわが身がなしおきし　種がこの世ではえるなり」（『善悪種蒔和讃』）、「父母《ぶも》は恩田世《おんでんせ》福《ふく》の一《いち》　孝で耕し名をたてよ　命も身をもおやのため　すててつかへて余念なく　よろこぶお顔を楽しみに辛苦《しんく》忘れて報ずべし」（『児童和讃』）などがその一例である。すべて、かなりの長文であるが、リズミカルで覚えやすく、唱えやすくできている。

芸能色の濃い和讃は、江戸時代に続々と作られて民間に流布した。『賽《さい》の河原地蔵和讃』（『西《さい》の河原地蔵和讃』）は、私が知っているだけでも八種類もあり、『中将姫和讃』も『苅萱《かるかや》道心和讃』も幾種類かある。『血の池地獄和讃』『石女《うまずめ》和讃』『俊寛和讃』『近江源氏 佐々木三郎盛綱 同四郎高綱 発心《ほっしん》和讃』『熊谷《くまがい》発心和讃』『敦盛卿《あつもりきょう》和讃』『一の谷 組打和讃』『道成寺清姫和讃』『梅若丸和讃』『楠公《なんこう》和讃』『葛《くず》の葉和讃』『八百屋《やおや》お七和讃』『阿波《あわ》の鳴戸《なると》和讃』『平井権八《ごんぱち》和讃』『石川五右衛門和讃』など実にさまざまな和讃が生まれた。これらの和讃が、伝承説話や謡曲・浄瑠璃《じょうるり》・歌舞伎などと深い関係があることはいうまでもない。江戸時代に盛行した経典講釈・法門講談、芸能的な説教（節談《ふしだん》説教）や絵解きの材料からも和讃が生じたことは興味深い。『雨宝陀羅尼《うほうだらに》和讃』『興正駁邪《こうしょうばくじゃ》和讃』『破邪顕正和讃』『伝道和讃』『倶舎論《くしゃろん》舞歌』『済度《さいど》方便和讃』『教信解《きょうしんげ》和讃』などを見ると、近世から近代にかけて仏教が庶民生活といかに深いかかわりをもってきたかがわかる。近代に入ってからでも和讃は、さまざまな形で作られたのである。

近代の和讃の中で、真言宗の『真言安心《しんごんあんじん》和讃』『光明真言和讃』『弘法大師和讃』などは注目すべきものである。禅宗でも、曹洞《そうとう》宗の『曹洞教会修証義《しゅしょうぎ》和讃』など見るべきものが作られている。すっかり大衆化した和讃の中に『落語念仏和讃』というものまであるのは実に面白い。

私《わたし》は元来《がんらい》落語《はなし》ずき　落語《はなし》をきくといふのなら　三度《さんど》の飯《めし》を四度《よど》食べて　朝寝昼寝をしてもよい
（中略）　親爺《おやじ》の小言《こごと》も悪くなし　ことによいのは念仏の　声きくときは百千の　妄想たちまち消えゆきて　重荷《おもに》おろせし心地する　もし臨終《りんじゅう》のそのときに　一族同行《いちぞくどうぎょう》まくらべに　静かに称《しょう》名唱《みょうとな》えなば　子守《こもり》が嬰児《えいじ》をすかすやう　嬰児が眠りに入《い》る様《よう》に　易々《やすやす》往生とぐるべし　ああ念仏のありがたき　ああ念仏のありがたき　南無阿弥陀仏　南無阿弥陀仏

というのである。しかしながら、日本の近代化の中では、和讃というものは、あまり秀作があらわれなくなってしまった。要するに、近代の仏教界には、新時代に即応する和讃の製作者が出現しなかったのである。つまり、和讃は、古びた聖教《しょうぎょう》（経典）と化し、新しい時代に生きていくだけの生命力を失ったことになる。近代の宗門の指導者をはじめ多くの人々の頭の中に、和讃の価値を文化史的に評価することをせず、低俗な古びた芸能として眺める意識が生じたことも和讃衰退の一因となったようである。

2　歌念仏・歌比丘尼

歌念仏

歌念仏は、江戸時代のはじめごろに、念仏を唱えるのに、鉦《かね》を叩きながら念仏に小歌のような節《ふし》をつけて芸能化したものである。これは念仏踊り（踊り念仏）と並んで念仏普及の原動力となったものである。

歌念仏の発生について喜多村信節《きたむらのぶよ》の『嬉遊笑覧《きゆうしようらん》』（文政十三年〈一八三〇〉）では、『円光大師伝』を引用して、

（法然上人の）四十八人の弟子に法性寺《ほっしょう》の空《くう》あみだ仏は、いづれのところの人と云ふことをしらず。常に四十八人の能声《のうしょう》をととのへて一日七日の念仏を勤行《ごんぎょう》す。所々の道場至らざる処なし。念仏の時の終ごとに 上略 娑婆《しゃば》に念仏つとむれば、浄土に蓮ぞ生ずなる云々 願はば必《かならず》生じなむ、ゆめ〳〵怠ることなかれ。光明遍照十方世界念仏衆生摂取不捨《こうみょうへんじょうじっぽうせかいねんぶつしゅじょうせっしゅふしゃ》とぞとなへられける。念仏の

間に文讃をいろへ調することみなもと此《この》上人より始れり。これらの流れ後世歌念仏となれり。
さて和讃をうたひ説経となりしなるべし。

と述べている。この記事により法然上人の弟子の空阿《くうあ》が、念仏の間に文讃を入れることをはじめ、その末流が歌念仏になったということが江戸時代に口碑として伝承されていたことがわかる。

寛永十五年（一六三八）に出た『鷹筑波集《たかつくばしゅう》』には「小歌ぶしにも申す念仏」とある。また、慶安二年（一六四九）の『吾吟我集《ごぎんわがしゅう》』の序には「いはゞ秋の月にありく歌念仏の暁の雨にあへるが如し」と書かれている。さらに寛文七年（一六六七）に出た『続山の井』には「尼蛙声や殊勝の歌念仏」とあり、歌念仏が民間芸能として近世初頭から知られていたことがよくわかるのである。井原西鶴の『好色一代男』の中に「西の宮のゑびすまはし日ぐらしの歌念仏といへり」という部分があり、「日ぐらしの歌念仏」というものが有名だったことがわかる。『竹豊故事』を見ると「京都にて昔は浄瑠璃はやらず、説経与八郎、歌念仏日ぐらし林清、同弟子林故、林達、箏を翫《もてあそ》べり」と記されているのに気づく。日暮《ひぐらし》林清は説経浄瑠璃語りの日暮八太夫の門弟であり、本来は説経浄瑠璃（説経節）が本職であるが、歌念仏で一流を立てて門弟を育成したようである。

歌念仏は、説教（唱導）の一変形と見ることができる。元禄時代に歌念仏は隆盛で、僧形《そうぎょう》をしたものたちが説経節や浄瑠璃の文句を歌念仏の節《ふし》でうたって歩いた。『人倫訓蒙図彙《じんりんきんもうずい》』七には、これを歎いた文章が載っている。

夫《それ》念仏といふは万徳円満の仏号也。然るをそれに節をつけて歌ふべきやうなけれども、末世《まつせ》愚鈍の者を導き、せめて耳になりと触れさすべきとの権者の方便ならん。それを猶《なお》誤りていろくの唱歌を作り、是《これ》を鉦《かね》に合せてはやし、浄瑠璃説経のせずと云ふ事なし。末世《まつせ》法滅の表じなり。悲しむべし慨《なげ》くべし。

というものである。そして、笠《かさ》をかぶった僧形のもの二人が、鉦鼓《しょうこ》を打って吟唱しつつ門付《かどづ》けしているところの絵が画かれている。庶民層の中に食いこんだ仏教は、さまざまな形で進展したのである。僧形ということには重要な意味があった。事実、近世までは「話す芸」「語る芸」の担い手たちは、僧形でなければ商売にならなかった。それほど僧（説教僧）は「はなし」が巧みだったのである。このことについては、後に詳しく述べる。

右の『人倫訓蒙図彙』の慨歎は、まことにもっともなことであるが、それとは、うらはらに、仏教芸能というべき説経節も歌祭文《うたざいもん》も歌念仏もますます流行するのであった。大阪上町に住んでいた存道という人物も、歌念仏の名人として有名であったことが、延宝七年（一六七九）に刊行された『難波鶴《なにわづる》』に「歌念仏上町存道」とあることでわかる。

歌念仏には、定まった場所に出現して聴衆を集めるものと、門付けをして歩くものとがあった。『人倫訓蒙図彙』の絵に見えるのは門付けをして歩くものであり、『都曲《みやこぶり》』（元禄三年）に京都四条河原の歌念仏を叙して「競馬見ぬ人や河原の歌念仏」とあるのは、定まった場所に出て人を集めるものである。また同じ元禄三年に成立した『俳諧吐綬雞《はいかいとじゅけい》』には、樹木の下にむしろを敷いて僧形のものが鉦《かね》を打ちながら歌念仏を演じ、その前で数人の聴衆が聞いている絵が載っている。ここには床《しょう》几《ぎ》まで画かれているのが注目される。

音曲としての歌念仏の流行は、元禄から享保にかけてであるが、記録の上に見えなくなったからといって、歌念仏が廃絶したと考えるのは早計であろう。天明三年（一七八三）刊『諸芸独自慢』四には「近ごろは、をどり念仏歌念仏のと、様々のふし事にて、鈴、鉦、木魚で拍子取りての唱えごと」とあるので歌念仏は大道芸として庶民文化の一翼を担い、幕末ごろまで続いていたことが察知できる。

歌念仏については、近松門左衛門の『五十年忌歌念仏』（宝永四年〈一七〇七〉）が、お夏清十郎を扱ったものとしてよく知られているが、近松の『井筒業平河内通《いづつなりひらかわちがよい》』には、二段目に「業平歌念仏道行」があって、歌念仏と説経節の節《ふし》が取り入れられている。歌念仏の詞章は、古今新左衛門撰『流行歌古今集』（元禄十二年刊）によって、わずかに知ることができるが、深くは知り得ない。やはり、大道芸に終始したために採録されなかったのであろうと思われる。『流行歌古今集』には「苅萱《かるかや》道心歌念仏」「替歌念仏」の二篇が入っている。

次に「替歌念仏」を引いてみよう。

下長かれと引中何思、ひけん世の中に引、うきを引、見するは、命なり引む阿弥陀仏ンな引南無阿引阿入弥陀夢の世の引夢に、夢見る入夢なれや引消えなん、ことのヲ、はかなさよ引つぼみし花の、散る事も引これもうきフシ世の引無常ぞと引悟らせ、給ふぞ悲しけれ引無阿弥、陀仏ンな引南阿弥陀引鉢叩老、少不定は世のならひ、誰か此の世にとゞまらん、事無う生るゝ人までも、ハル今日は先立つ思ひかや引妻子につらき父上に引思ひ知らせん其の為に、かくはすぎ行く習ひかや引無阿弥陀仏南無阿弥陀仏。

右の「引」「ハル」などをたどりながら口ずさんでみると、元禄の歌念仏全盛時代のあり方をしのぶことができる。また、この歌念仏と節談《ふしだん》説教（後述）、和讃と歌念仏の関係を考えてみると、相互関係がきわめて密接であることに気づくのである。歌念仏は和讃の変形であると考えることもできる。寺院における説教、大道における歌念仏、野外における念仏踊りと「南無阿弥陀仏」の念仏信仰が有形無形に著しい発展を見せたことを江戸時代の風俗から察知することができる。

歌念仏については、『好色一代男』の中に「橋本に泊《とま》れば……日ぐらしの歌念仏、かやうの類の宿とて、同じ穴の狐川」とあり、『好色一代女』には「やりてに門茶《かどちや》を焼かせて、歌念仏を申し、死にもせぬ久五郎がためとて、精霊《しようりよう》の棚《たな》を祭」とある。井原西鶴の眼にも、ずいぶん歌念仏が映ったようである。延宝《えんぽう》六年（一六七八）の『桜千句』には、

杉の葉の白いうそをつく法《のり》の道　西鶴
歌念仏をきくほとゝぎす　益翁

とある。

歌比丘尼

歌比丘尼《うたびくに》について知るために、まず『人倫訓蒙図彙』七を見よう。そこには、

　歌比丘尼　もとは清浄の立派にて熊野を信じて諸方に勧進《かんじん》しけるが、いつしか衣《ころも》を略し、歯をみがき、頭を仔細《しさい》に包みて、小歌を便《たより》に色を売るなり、功齢歴《れき》たるをば御寮《おりよう》と号し、夫《おっと》に山《やま》伏《ぶし》を持ち、女童《おんなわらべ》のあまた取りて仕立つるや。都鄙《とひ》に有り、都は建仁寺町薬師の図子に侍る、皆《みな》是末世《これまつせ》の誤りなり。

とあり、元禄のはじめごろの歌比丘尼と呼ばれるものが、どのようなものであったかよくわかる。

　この比丘尼は、はじめは熊野権現《ごんげん》のために諸国を勧進《かんじん》して回ったので「勧進比丘尼《かんじんびくに》」ともいわれ、「ちと勧」という異名があった。それは「ちと勧進、ちと勧進」と呼びかけたためにつけられたのである。その呼びかけの時に、一升柄杓《いっしょうびしゃく》をさしだしたが、この一升柄杓は、通行の際に自分の腰にさすか、あるいは伴《とも》の少女比丘尼の腰に差させるか、または持たせていた。黒羽二重で頭を包み、あるいは付鬢帽子《つけびんぼうし》をかぶり、あるいは加賀笠をつけ、褐染《かちんぞ》めや浅黄色の布子《ぬのこ》に黒綸子《くろりんず》の二つ割り、または龍紋の中幅帯を前に結び、畝足袋《うねたび》ばきという姿で、大型の文箱《ふばこ》を小脇にかかえ、文箱の中に地獄極楽の絵巻物や熊野の牛王《ごおう》や酢貝《すがい》などを入れ、地獄極楽の絵解きを得意とした。そして、牛王

を分配し、酢貝を与えて勧進するのが表向きの仕事であり、神仏混交の行為であったが、仏教芸能の担い手として歌比丘尼は見逃せない。もっとも、この場合の勧進は、米銭を乞うことが主であり、もはや近世の初期には、歌比丘尼は堕落していたのである。

その実態は『人倫訓蒙図彙』の絵などで推察できるのであるが、『好色一代男』には

　御寺の門前より詠《ながむ》れば、勧進比丘尼声を揃へてうたひ来れり。これはと立寄れば、かちん染《ぞめ》の布子《ぬのこ》に黒繻子《くろしゅす》の二つわり前結びにして、あたまは何国にても同じ風俗也《なり》。元《もと》これはかやうのことをする身にあらねど、いつの頃よりおりょう猥《みだ》りになりて、遊女同前《どうぜん》に云々。

とあり、『好色一代女』には、

　比丘尼は大かた、浅黄の木綿布子《もめんぬのこ》に龍門の中幅帯前結びにして、黒羽二重のあたまがくし、深紅のお七ざしの加賀笠、うねたび穿《は》かぬといふことなし。絹のふたのの裾《すそ》みじかく、とりなりひとつに拵《こしら》へ文台に入《いれ》しは熊野の牛王《ごおう》酢貝耳かしましき四つ竹。小比丘に定りての一升びしやく、勧進といふ声もひきさらず、はやり筋をうたひ、それに気を取り、外より見るもかまはず、元がねに乗移り分立て後、百つなぎの銭を袂《たもと》へなげ入《いれ》けるもをかし……雨の日、風のふく日もゆるさず、かうしたあたま役に、白米一升に銭五十、それともつかたの子供にも、定めて五合づゝ毎日取られければ、おのづといやしくなりて、むかしはかゝる事にはあらざりしに、近年遊女のごとくなりぬ。

とある。これは、ともに比丘尼が本来の勧進比丘尼の姿を喪失し、売春婦めいてしまったことを述べているのである。

さらに比丘尼たちは、隠し白粉、薄紅《うすべに》までつけて娼婦《しょうふ》になりさがってしまったために「浮世《うきよ》比丘尼」ともいわれた。また「歌比丘尼」といったのは、四つ竹やビンザサラを鳴らして歌念仏や流行歌をうたって歩いたからである。

近松門左衛門の『五十年忌歌念仏』下のはじめに、清十郎の妹と許嫁《いいなずけ》のおさんが熊野比丘尼になって清十郎をさがすくだりがある。

ちとくわん歌念仏〽観ずれば夢の世や、寝てあたゝめし懐子、いつの間にかは浮かれ初め、三界をたゞ家として、袖笠雨の宿りにも、心とゞめぬ板枕、流れにあらぬ川竹の、笹《ささ》の小笹のびんざさら、花の手おほひお手を引かれた、これも熊野の修行かや。姉様のこれの、勧進柄杓《びしゃく》の、ゑがほ良《よ》しとて柳が招く、柳の髪を何故《なにゆえ》に、浮世恨みて尼が崎、尼が崎とは海近く、なぜにそなたはしほが無い。

このような文章を読んでいると、ビンザサラを鳴らしながら歌念仏をうたう熊野比丘尼の様子が想像できるのである。右の歌念仏の詞《ことば》は、いくらか手が加えられているであろうが、元禄・宝永のころに流行した歌念仏や歌比丘尼の様をしのぶのには十分である。

歌比丘尼は、その言動がたいへん目立つものであったので衆目を集めた。したがって歌比丘尼について記述したものは多い。正徳五年（一七一五）に出た役者評判記の『役者懐世帯』中村源太郎の条には、比丘尼を舞台で見事に演じた役者の巧みさを本比丘尼が激賞するという形で記されている。山東京伝《さんとうきょうでん》は、『近世奇跡考』（文化元年〈一八〇四〉）に「歌比丘尼」と題して『残口之記』『東海道名所記』にある歌比丘尼の記事を引用して紹介し、「熊野比丘尼絵説図《えとき》」を載せている。これは、なかなか興味深い。この絵では、女性三人の前に絵巻物をひろげて比丘尼が絵解きをしている。ちょうど閻魔《えんま》王庁に着いた亡者《もうじゃ》が、浄頗梨鏡《じょうはりきょう》にうつる自分の姿を見ておののく場面である。閻魔大王の恐ろしい顔と、亡者のそばに立つ鬼の姿を見、比丘尼の巧みな絵解きを聴いて一人の女が泣いている。『十王経』の一節である。歌比丘尼に関する他の資料は、比丘尼の歩行中の姿を画いているものが多いが、この『近世奇跡考』の図は、比丘尼の説教の様子が活写されているので一段と面白い。

文化・文政時代のことを知る好資料の『只今お笑草』の中にも歌比丘尼のことが、かなり詳しく記され、

> 年のころ六ツばかりなるより、十一、二頃の小びくに、三人《た》り四人《た》りうちつれ、これには御寮《おりよう》比丘尼《びくに》とて、四十有余にていとにくさげなるが、同じ出《いで》たちにて、牛王箱《ごおうばこ》かゝへてつきそひ、町々門々へ来てうたひける。唱歌よく覚えねど、鳥羽の港に船がつく、今朝のおいでに宝の舟が、大黒《だいこく》とお恵比寿《えびす》とにっこりとチト勧じゃんなんとて愛々《いと》敷強音《しきこわね》にて物乞ひける。

とあることから、子供比丘尼に歌わせていることがわかる。物乞いは、子供に歌わせた方が効果的

であることはいうまでもない。また、右の記事に「御寮比丘尼《おりようびくに》」とあるように、弟子の小比丘尼たちは、師の比丘尼を「おりょう」と呼んだのである。

ところで、この歌比丘尼たちは、宝暦・明和のころ、江戸においては売春婦の評判が立ったことがある。水野蘆朝《ろちょう》の『文盲《もんもう》画話』（文政十年〈一八二七〉）に、そのことが詳しく書かれている。もっとも、この記事には誇張や矛盾があるので鵜呑《うの》みにすることはよくないと思うが、江戸における歌比丘尼の生活ぶりの一面は窺知できる。次にその一文を引用しておく。

（前略）物を乞ふにチトクワンと言、これを修行なりといへども、その比丘尼直《ただ》ちに売者にて、流れ男どもこれを買うて楽しむ。茶屋或《あるい》は番屋などにて出合しが、次第に売色して甚だもって流行せり。（略）日増しに流行して、浅草門跡前、本所御竹蔵後、安宅《あたか》、大橋向などに比丘尼屋でき、親方をオリャウと号してもっぱら色を商《あきな》ふ。そのうち浅草門跡前は、利して大造りとなり、盛んに繁昌せしは、宝暦年間しきりに栄え、比丘尼の全盛言量《いうばか》りなし。比丘尼屋も立派なる家にて、五人十人も抱置《かかえお》き、店は品川などの売女屋に似て、奥を浅く仕切り、その前に銘々《めいめい》莨盆《たばこぼん》を控へて、並びゐる揚屋《あげや》も出来て、客を迎へに比丘尼道中する体、吉原仲之町のごとし。（略）かくのごとくにて、天明頃までも繁昌したりしが、次第にすたれて、門跡前は早くなくなり、本所《ほんじょ》のみ栄え居《おり》しが、程なく衰微して跡方《あとかた》なく、大橋向うのみ、安永頃までかすかに残りありしが、いつしか絶果《たえは》て、唄比丘尼《うたびくに》も同じ頃止《や》みたり。たゞ十二、三歳より下の小比丘尼、曲物の小桶《こおけ》に勧進柄杓《びしやく》を持ち、唄《うた》を諷《うた》ひ手の内を貰ふ者、朝々は町々をおびたゞしく歩き、そゞろなる小唄を諷《うた》ひて、（略）安永末には小比丘尼まで跡方なくなりて、今は衣着ざる比丘尼と言ふもの絶えてなし。（略）大勢の比丘尼、何となりけむ還俗《げんぞく》せしか。また道々売女になりしか、その頃は坊主返りの女、嘸《さぞ》かし多くありつらんが知らず、門跡町、本所、大橋、すべて今は跡方もなし。

というものである。この『文盲画話』の記事と『近世奇跡考』の熊野比丘尼の絵などから考えると、比丘尼たちが堕落していたのは安永・天明のころまでであり、文化・文政期には「衣着ざる比丘尼と言ふもの」は絶えて、まともな比丘尼ばかりになったようである。「大勢の比丘尼、何となりけむ還俗《げんぞく》せしか」といっているのは、歌比丘尼たちが、いかに堕落しても、一般では出家の身と認めていたのである。歌比丘尼は、近世においては、いろいろな意味で広く名を売ったものであるが、地獄極楽の絵解きをして歩く僧形の説教者であったことに注目したい。つまり、歌比丘尼は、庶民の中に入りこんだ一種の女性唱導家であったのである。

第二章　説教の普及

1　節談説教

節談《ふしだん》説教とは、ことばに節《ふし》(抑揚)をつけ、洗練された美声とゼスチャーをもって演技的な表出をとりながら、聴衆の感覚に訴える詩的、劇的な「情念の説教」をいうのである。「ふしだん」と〝湯桶《ゆとう》読み〟するところに特色がある。「フシ」をつけて「談《はな》す」というところから出ている。古くは「節付《ふしづけ》説教」ともいったものである。

宗教は理屈ではなく感覚的な要素の方が重要である。学問や知識だけでは信心は得られない。その大切なことを昔の布教家は、よく心得ていた。散文的、写実的、理論的な説教よりも「情念の説教」の方が、より多く享受されたのは、情緒に生きる人間の歴史から見て至極《しごく》当然のことであった。その昔、高座に登った説教師は、ことばに節《ふし》をつけ、見事な声と巧妙な話し方で、歌うがごとく、語るがごとく、笑いあり、涙あり、滔々《とうとう》と弁じたてて、まるで善男善女を吸いこむようであった。浄瑠璃《じょうるり》のようでもあり、講談のようでもあり、節《ふし》がつくと浪花節を思わせ、笑わせれば落語であり、泣かせれば人情噺《にんじょうばなし》でもあった。つまり、日本の「語る芸」「話す芸」のあらゆる要素を包含した節談説教独特のあざやかな弁舌が、満堂の群参《ぐんさん》（説教用語で、大勢の参詣人のこと）を陶酔させたのである。

いうまでもなく「説教」とは、経典や教義を説いて民衆を教化する行為をさすのであり、演説を旨とする。この演説体説教が、民衆の中に深く入りこむためには、俗受けを狙う必要があったので、自然に豊かな文学性や芸能性を具備するようになったのである。

そこで、まず、この節談説教が生ずるに至った筋道をたどってみたいと思う。わが国の説教は、唱導・説経・説法・説戒・法談（芳談）・讃歎・勧化《かんけ》・談義・講釈・講談・演説・講演・講筵《こうえん》・開導・化導《けどう》・法座・御座《おざ》・教導・布教・伝道・法話など、さまざまな異称をもって歴史的展開をとげたが、これは表白体よりも演説体に重点を置いた説教の多種多様な形態を物語っている。本書は、「説教」で統一する。

釈尊説教・インドの説教

華厳《けごん》・阿含《あごん》・方等《ほうどう》・般若《はんにゃ》・涅槃《ねはん》など釈尊一代の説教は「三輪《さんりん》説法」「十二部経」（「十二分教」）とい

う方法、名称をもってわが国にもたらされた。

「三輪説法」（意《い》業《ごう》記心輪・身業《しんごう》神通輪・口業《くごう》説法輪）は、説教の重要な精神を説いたものである。特に「口業説法輪」は「四《し》弁《べん》八音《はっとん》」（四弁とは、義無碍《ぎむげ》弁・法無碍弁・辞無碍弁・楽説《ぎょうぜつ》無碍弁の四つの弁舌の方法をいう。八音とは、極好音、柔軟音、和適音、尊慧音、不女音、不誤音、深遠音、不竭音の八つをいい、音楽的・芸能的な発音や発声を説明している）という説教技術をもって仏陀が甚深微妙《じんじんみみょう》の教法を説いたことを示している。

「十二部経」（「十二分教」）は、釈尊の説法の十二通りの方法を示したもので、経典を叙述の形式または内容から十二種類に分類したものである。その十二種類の仏説の中に、伽陀《ガーター》（諷頌《ふじゅ》）、尼陀那《ニダーナ》（因縁）、阿波陀那《アバダーナ》（譬喩）が示されているのは、釈尊在世中の説教の中に話芸的な要素がすでに濃厚に入っていたことを想わせる。これは、後世のわが国の説教の型の創造に大きな影響を与えたものである。日本の説教が、仏教伝来の時から、ことばに節《ふし》（抑揚）をつけた歌謡性（音楽性）をもっていたこと、聴かせるための話芸性をもっていたことは、右の「三輪説法」や「十二部経」（「十二分教」）における四弁八音や諷頌《ふじゅ》、因縁、譬喩などの技術修得の強調からでも察知できるのである。『維摩《ゆいま》経』では、六塵《ろくじん》説法が説かれ、説教には六根（眼・耳・鼻・舌・身・意）による感覚的要素が必要であることを示している。『四分律《しぶんりつ》』には、厳格な説教の儀軌《ぎき》が制定され、『法華《ほっけ》玄義《げんぎ》』第一下では『大智《だいち》度《ど》論《ろん》』に基づいて、釈尊一代の説教が「四悉檀《しったん》」によって説明されている。『百衆学《ひゃくしゅがく》』

にも対機説法の要領が示され、『思益経《しやくきよう》』巻二では、仏が言説《ごんぜつ》、随宜《ずいぎ》、方便、法門、大悲の五力《りき》をもって説教したことを説き、『優婆塞戒経《うばそくかいきよう》』巻二では、清浄説法《しようじよう》と不浄説法とを比較して、説教のあり方を厳しく指導している。また、『十住毘婆沙論《じゆうじゆうびばしやろん》』にも説教のマナーが説かれている。富楼那《ふるな》尊者や賓頭盧《びんずる》尊者をはじめ、多くの仏弟子が名説教を演じたことは、日本仏教各宗の説教に導入されてよく知られているが、仏滅後、阿育王がインドはもとよりインド外の九方に説教師(教化僧)を派遣した様子が『譬喩《ひゆ》経』『天使経』『無始経』『大聚喩経』などに散見し、やがて大乗仏教が小乗仏教を圧するころに、説教は、ますます枝葉を広げたようである。仏陀は八万四千の法門を演説して、あまねく衆生を済度したが、仏法を伝える人々はよく遺教を広め、法門は大いに流布した。仏滅第五世紀ごろにあらわれた馬鳴《めみよう》(この名前は卓越した弁舌から名づけられたという)は、大説教者の名声を残した。文書と弁舌による馬鳴の説教ののち、仏滅六世紀から第七世紀にかけてあらわれた龍《りゆう》樹《じゆ》が、弁才無碍《むげ》自在の名説教を演じて大乗仏教の発展に貢献したことは、あまねく知られている。龍樹門下の提婆《だいば》論師《ろんじ》が各地を遍歴して説教化にあたり、外道《げどう》を降伏《ごうぶく》したことなどが、インドにおける説教の概観として多数の仏教書で紹介されている。

中国の説教

わが国の説教に直接強い影響を与えたものは、中国の説教(唱導)であった。『元亨釈書《げんこうしやくしよ》』の唱導篇により、廬山《ろざん》の慧遠《えおん》が学徳兼備の高僧で、しかも盛んな説教活動をしたことが推察される。梁《りょう》の慧皎《えこう》撰『高僧伝』巻十三には、慧遠によって説教（唱導）振興の道が開けたことが記され、さらに説教の重点（話し方の基本）が「声《しょう》・弁・才・博」に置かれたことが述べられている。これは日本人の雄弁術（話術・話芸）に強く影響し、後世において日本仏教の説教者の間で「一声《いちこえ》・二節《にふし》・三男《さんおとこ》」というような伝承を生むに至ったのである。

右にいう「声《しょう》」とは、発音、発声、抑揚（節《ふし》まわし）をいい、「弁」とは、語り口（口調）のことであり、「才」は、センスをいい、「博」は、広く深い学識・教養をさすのである。これは説教者の必須条件であった。

『高僧伝』には、道照、曇穎《どんえい》、法鏡などの説教師の行状も記されている。『続高僧伝』には「説法師」という呼称があらわれる。また、中国には講経という説教の一手段もあり、わが国における講釈の先蹤《せんしょう》をなした。これは僧侶の学問のために経典を解説し、講釈するものであり、『僧史略』の魏《ぎ》の朱子衡《しゅしこう》「道行般若《どうぎょうはんにゃ》経講」が最も古いようである。

中国における唱導（説教）は、転読・讃唄《さんばい》・講経の三法門を基礎として成立し、説教師は経（転読梵唄《ぼんばい》を主とするもの）、講師（講経俗講を主とするもの）、唱導（説教、説法を主とするもの）、邑師（義邑。邑会〈仏教団体〉を指導するもの）に分かれていたという。『高僧伝』には、中国の唱導師（説教師）には一定の台本（種本）があって、これを暗誦し習熟したことや、それにつれての失敗談なども記されている。

中国の説教のことを知るためには、『高僧伝』『続高僧伝』『宋高僧伝』をひもとけば、かなり詳しく書かれていて参考になるが、中国においても説教者の中から民間を流浪する非僧非俗の芸能者があらわれていた事実を知ることができる。『続高僧伝』巻六によれば、釈真玉という人が琵琶《びわ》を弾いて説教して名人とたたえられ、文宣帝の講席に招かれて多くの道俗帰依者を集めたという。中国においても唱導は時代とともに講説、唱説、説経、説法、講導、宣講、宣唱などの異称が生まれたことが各種の僧伝書に見えている。

日本の説教

わが国に仏教が伝来し、説教が行われるについては、すでにインドや中国において右に述べたような説教の素地が作られ、仏教伝来とともにその技術や形式なども招来されたものと思われる。

ただし、わが国における説教が最初にあらわれるのは、推古天皇六年（五九八）厩戸皇子《うまやどのおうじ》（聖徳太子）の勝鬘経講《しょうまんぎょうこう》であり、現在のところ文献的にはそれ以前にさかのぼることはできない。もっともこの説は『法王帝説』によるのであるが、『日本書紀』には太子の勝鬘経講は推古天皇十四年七月となっており、場所は橘宮とも小墾田宮とも想像されるが不明である。さらに『日本書紀』は、太子がこの年に岡本宮で『法華経』を講ぜられたことも記している。聖徳太子の説教（勝鬘経講）が見事であったことは、『法隆寺伽藍縁起并資財帳』の「諸王公主及臣連公民信受して嘉せざるはなし」ほか多数の伝説が残されている。この時すでに聖徳太子が高座を使用されたり、勝鬘経講最終日の夜に奇瑞《きずい》が起こったという伝説は『聖徳太子伝暦』をはじめ太子ゆかりの寺の寺伝が伝えている。

わが国の古い時代における説教は、行基《ぎょうき》（六六八〜七四九）の路傍伝道（辻説法）が『続《しょく》日本紀』や『日本霊異記』に見えている。また、『令義解』の記事から聖《ひじり》などによる説教の盛行が察知できる。わが国初期の説教を知る方法としては『日本霊異記』とその形を追って編纂された『日本感霊録』（義昭撰）から推察する以外には確かな資料はないが、『東大寺諷誦文稿』によって奈良朝末期から平安朝初期にかけての説教の様子を察知することはできる。

平安時代には「法華八講」が盛行し、説経師（説教師）が大いに活躍した。清少納言は『枕草子』に「説経師（説教師）というものは顔の美しいものがよい」と説教者の人品について述べている。「小白河八講」の講師として名説教を口演した清範律師は、二十五歳のときに高座へ登ったが、美声と美貌で聴衆をうっとりさせたという。すでに平安時代でも十一世紀に入るころは、説教技術は高度な技巧を要するようになり、身振りや表情が高座上の条件となっていたようである。

平安時代には、山門・寺門・南都に属する説教の達人たちが続々と輩出し、『二中歴』第十三「名人」の条には、賀縁・院源・慮意・源泉・湛円・湛然・寛印・清範・維尊・慶範・静昭・源心・栄昭・済算・維明の十五人が説経（説教）の名人としてあげられている。この人たちは、平安時代に知られた説教の名人たちであるが、いずれも当代の碩学《せきがく》であり、当時の日記や物語類には、しばしば名をあらわす。特に山門の院源座主は、藤原道長が帰依した人物であり、道長が没したときには導師をつとめ、その折に心情を述べた表白文の一節が『栄花物語』の「鶴林」に見える。院源の名説教ぶりは『今昔物語』巻十九・第四話にも見えている。藤原定忠の『中右記』の中には、おびただしい数の説教の記事が見える。『今昔物語』巻二十第三十五話には、叡山《えいざん》から美濃に下った懐円が、和歌や物語に英知を示す豊かな才能の持ち主であったことを記し、同書の巻二十八第七話では山門の座主《ざす》・教円について述べ、彼が滑稽《こっけい》説教の名人で、笑いの提供者であったとしている。懐円や教円は、ともに話芸にすぐれた名説教師であったと思われる。『栄花物語』や『大鏡』などにも説教の娯楽性について述べた文章が見える。

平安時代の説教資料として『三宝絵詞《さんぼうえことば》』『打聞集《うちぎき》』『宝物集《ほうぶつ》』などの記事が重要であるが、この時代の説教の具体的な内容を示す唯一の好資料は『法華百座聞書抄』である。また、平安時代の代表的な説教のテキストは、源信（九四二〜一〇一七）の『往生要集』である。この書は、念仏往生の要を説くのが主であったが、地獄極楽について詳しく述べたために、その方面が後世の説教や民間信仰・民間芸能に強い影響を与えたのである。

安居院《あぐい》流《りゅう》と三井《みい》寺《でら》派《は》

説教が芸能色を濃くして庶民層にくいこむ実態をまざまざと見せつけるのは、中世に入ってからのことである。日本仏教史上に法然《ほうねん》・親鸞《しんらん》が出現するや、顕密《けんみつ》諸宗の上代・中古の説経（説教）の方法が大きく変容する。その技術上の直接の担い手は、平安末期から鎌倉にかけての説教の巨匠・澄憲《ちょうけん》と、その子の聖覚《せいかく》であった。

澄憲（一一二六〜一二〇三）の出現は、実にわが国の説教の歴史に一大エポックを画したのであり同時に日本人の話術や話芸の歴史の上にも大きな足跡を残したのである。澄憲については『元亨釈書《げんこうしゃくしょ》』『業資王記』『尊卑分脈《そんぴぶんみゃく》』『平家物語』『古今著聞集』『源平盛衰記』『僧綱補任』『倭歌作者部類』『法然上人行状絵図』『長西録』『浄土総系譜』などにより、その閲歴をかなり詳しく知ることができる。澄憲は、少納言藤原通憲（信西入道）の第七子であり、母は高階《たかしな》重仲の女《むすめ》である。はじめは家学の儒学《じゅがく》を学んでいたが、出家して叡山《えいざん》に登り、天台の学を修めた。早くから弁舌の才能をもって知られ、承安四年（一一七四）五月、最勝講《さいしょうこう》の論義に列して弁論縦横その右に出るものはなかった。また、清涼殿で雨を祈って験《しるし》があり、権大僧都《ごんだいそうず》に任ぜられた。安元三年（一一七七―この年「治承」と改元）には天台座主・明雲《みょううん》が伊豆に流される事件が起こり、国分寺まで送って明雲から一心三観の血脈を相承した。そして、間もなく大僧都となり、法印に叙せられ、世に澄憲法印と尊称されたのである。

ところが、澄憲は、ほどなく叡山をおりて京都の一条北小路大宮通りの安居院《あぐい》に住んで老体の法体をもって結婚した。堂々たる法印の妻帯は世人を驚かせ、破戒僧として非難を浴びたが、澄憲独自の信念を披瀝《ひれき》して得意の弁舌を駆使し、説教をもって道俗の教化に尽力した。澄憲の以後の生活は、まさに説教一筋であった。彼の事業として残されていることは、後徳大寺左大臣実定の子公守が亡母の鏡面に梵字《ぼんじ》を書いて供養する時に導師となって説教し、また、九条関白兼実《かねざね》の写経供養の時に導師となって説教したことなどが伝わっている。奈良の某が五部の大乗経を写して春日明神の宝前に供養する時に、名高い澄憲を招こうとして興福寺の僧たちの怒りを受けたが、春日明神の霊告によって、ついに招かれることとなり、澄憲は奈良に赴いた。その時、道俗の衆は澄憲の名説教を聴聞して感動し、澄憲は数日間奈良に留まって歓迎を受け、多くの施物《せもつ》を受けた。これは抜群の弁才を物語る。さらに澄憲は、その帰途に奈良坂で賊に出会ったが、賊もまた澄憲の勧化《かんけ》を受けて改悔《がいけ》し、ついに出家するに至ったことが『宇治拾遺物語』に見えている。

澄憲は大型説教者であった。十人（九男一女）の子をもうけたが、その中の九人の男子（真雲・海恵・聖覚・覚位・宗雲・理覚・恵聖・恵敏・覚真）は、いずれも真言宗、天台宗の名僧となった。澄憲の著作としては『源氏表白文』（聖覚の作か）『法滅の記』『唱導鈔』『澄憲作文集』『澄憲作文大体』『言泉集』などが伝えられている。澄憲のすぐれた弁舌については、『元亨釈書』に「澄憲のはなしは、まるで泉のように舌の端から湧《わ》き出る。ひとたび高座に登れば、大勢の聴衆がいっせいに耳をすまし、しかも澄憲の説教によって耳が清められてしまう」という意味のことが記され、『尊卑分脈』では「澄憲の説教は、まさに天下一であり、すぐれた名人だ。この澄憲の一流こそ正統の説教というべきである」と激賞されている。『古事談』第三には「演説玉を吐く」とある。九条兼実が澄憲の説教に心酔していたことは『玉葉』の建久二年（一一九一）閏《うるう》十二月三日の条に「今日の澄憲法印の説教は、万人が涙をぬぐいながら聴いた」とあることだけでも推察することができよう。

澄憲の弁才は一世に高鳴りして富楼那《ふるな》尊者（仏十大弟子の一人で弁舌第一といわれた）の再来とうたわれたが、昭和四十二年に八十余歳で没した浪花節《なにわぶし》の吉田大和丞《やまとのじょう》（奈良丸）は、大和の浮かれ節の出身で、浪曲史上に名を残したが、彼は生前によく「わたしらの先祖は澄憲さんや」と語っていたという。これは芸風通俗説教で鳴らした説教の巨匠・澄憲の名が、民間芸能者の間で長く伝えられていたことを意味している。

澄憲の子の聖覚《せいかく》（一一六七〜一二三五）は、父以上のすぐれた説教者であった。聖覚については、『法然上人行状絵図』巻四、『浄土伝燈録』『浄土総系譜』巻上、『明月記』などによってかなり詳しく知ることができるし、何よりも後世の浄土宗の教学や真宗の説教「親鸞聖人御一代記」であまねく知られている。それらの記事や伝承を総合すると、聖覚は出家して叡山に登り、竹林房の静厳に師事して正統の学を修するとともに文筆にも長じ、特に説教は絶妙であった。父の澄憲と同じく安《あ》居院《ぐい》に住み、安居院の後継者となったので聖覚も父同様に「安居院の法印」と尊称された。法然の浄土門に帰依してからは、浄土宗では聖覚のことを「説経念仏義の祖」または「説法義の祖」といって尊敬し、教学の面でも一家をなしたのである。法然の念仏の教えが京都にあがった時、ただちに法然の浄土教を聞いて入門し、新しい説教に身を投じたのは、やはり時流に乗る才能が示されたものである。それ以後、聖覚は説教をもってみずからの業とし、教化の風は広く吹きわたった。

聖覚の説教については、浄土宗や真宗の説教者の間に豊富な話題による多数の伝説が伝承されている。元久二年八月に法然の病気を説教で治療したこと、承久《じょうきゅう》三年に但馬《たじま》宮雅成親王が浄土の教義に不審を立てた時、見事な解答をしたこと、嘉禄《かろく》二年に後鳥羽上皇が隠岐《おき》より詔書を西林院の承円に下して念仏往生の義を問われた時、広く観・称の難易を説き、持名《じみょう》の益が巨大であることを記して表進したこと、建保二年正月二十五日の法然上人三回忌に報恩のため洛東真如堂に道俗を集めて七日間念仏会の説教をおこなったことなどが伝えられている。

聖覚は『四十八願釈』五巻、『四十八願義』四巻、『唯信鈔《ゆいしんしょう》』『黒谷《くろだに》源空上人伝』(『十六門記』)、『大原談義聞書鈔』(著者については異説もあるが、聖覚の著として長く伝えられてきた)などの著作を残したが、これらは浄土宗や真宗の後世の説教に直接関連し、説教のテキストとされた。聖覚の表出力は、時に誇張がリアリティーを上回って迫力を増すことがあった。例えば『黒谷源空上人伝』(『十六門記』)は、法然の伝記を述べたものであるが、この中で法然の回心《えしん》の瞬間を活写し「歓喜《かんぎ》の余に聞く人なかりしかども、予が如きの下機《げき》の行法《ぎょうぼう》は、阿弥陀仏の法蔵因位《いんみ》の昔、かねて定めおかるるをやと、高声に唱へて感悦髄《ずい》に徹《とお》り、落涙千行なりき」と述べているのは、法然の『小消息』の結びにある「天に仰ぎ地に臥《ふ》して悦ぶべし、このたび弥陀の本願にあふ事を、行住坐臥《ぎょうじゅうざが》にも報ずべし、かの仏の恩徳を。頼みても頼むべきは乃至《ないし》十念の詞、信じても猶《なお》信ずべきは必得往生の文也」と直接つながり、浄土教徒の感動を呼ぶのに十分であった。『唯信鈔』は、聖道《しょうどう》・浄土の二門を叙し、特に念仏往生は専修《せんじゅ》をもって肝要とすることを説いているが、これは後世、特に真宗の説教で尊重されるテキストとなった。親鸞が聖覚を敬慕して『唯信鈔文意《ゆいしんしょうもんい》』を著述したことは注目に値する。

聖覚は、父の澄憲によって開かれた安居院《あぐい》流の説教をよく守り、さらに発展させることに尽力し、名説教者として「安居院の聖覚」の名を永遠に残した。聖覚は、文暦二年（嘉禎元年〈一二三五〉）三月五日に六十九歳で入寂したが、藤原定家は『明月記』の嘉禎元年二月二十一日の条に「このよごれた世の中の人たちを救うために出現された聖覚法印は、まさに仏十大弟子の一人で弁舌第一とうたわれた富楼那《ふるな》尊者の再来というべき人であった。その人がついに亡くなる時が来てしまった。まことに残念で淋しい。実にもう、この説教の道も滅亡であろう。悲しみ切れないほどである。聖覚法印は今年で六十九歳であるが、もっともっと生きていてほしいものである。もうあの名説教も聴かれなくなってしまったなあ」という意味のことばを記して、心から聖覚の死を惜しんだのである。

澄憲・聖覚の親子は、史上空前の唱導家であり、卓越した弁舌家であった。この説教の流れを「安居院《あぐい》流」と呼ぶ。この安居院流の系統を芸能史の立場から見ると、堂々たる説教話芸の家元的存在であり、その流派は、聖覚から隆承―憲実―憲基と子々孫々に相承したので、安居院流の雄弁術は後世の日本人の話し方技術の発展に絶大な影響を与えた。この安居院流の系譜は、そのまま日本の話芸の系譜を示す。この説教の流れは、中世から近世を経て、明治・大正・昭和初期まで主として浄土宗、真宗―特に真宗―に型が伝承され、節談《ふしだん》説教として大いに発展した。その伝承は、秘伝・口《く》伝の形で大切に師資《しし》相承《そうじょう》されたのである。

日本の伝統文化の一つの特色に秘伝・口伝というものがあることは、仏教界だけではなく、芸能や兵法などの世界でも行われてきた。安居院流の唱導（節付《ふしづけ》説教＝節談《ふしだん》説教）が秘伝の形式をとったことは『天台宗全書』所収の『法則集《ほっそくしゅう》』上下二帖に収まる安居院流の信承法印の「口伝云」という形式によるルールの記録だけでもよくわかるのである。これが秘伝であることは、後人筆の奥書に「この書は安居院信承法印の制作なり。秘すべし秘すべし」（永仁六年三月二十六日書写之）とあることで明白だ。

説教における秘伝は、声明《しょうみょう》・講式・法語類の拝読や宗祖・列祖の一代記の拝読などにおける秘伝と同じく、その流派独特の読み方、唱え方、発音、発声などを師匠について修業して相承するもので、相当期間の厳しい修業を積まなければ伝授されないものであった。『法則集』にも安居院流独特の節《ふし》づけの仕方を教える部分がある。この節付説教（節談説教）の方法は、俗受けのためには、きわめて有効であり、声明・和讃・講式の発展とともにますます芸能的な表出がとられるようになった。一流の説教者となるためには、安居院流を学び、免許皆伝となる必要があったのである。この秘伝口授の方法は、近世後期や明治時代の説教台本に「他見を許さず」とか「極秘書一子相伝」とか書かれていて、説教の世界で長く伝承されたものである。また、『法則集』によれば、安居院流の基礎が、ほとんど聖覚によって作られたものであることがわかる。有名な『平家物語』冒頭の「祇園精舎《ぎおんしょうじゃ》の鐘の声、諸行無常の響あり」という美文が安居院流説教の名調子に発していることは間違いないものと思われる。安居院流の説教は、さすがに堂々たるもので、おびただしい数の書物が伝わるところから、単なる弁舌の徒だけではなく、緻密《ちみつ》な文献を整えて一家をなしていたことがわかる。安居院流の演説体説教は高度な技術を具備して、早くも中世において話芸としての芸態を創造していた。澄憲はその基を開き、聖覚は移り行く世相のあり方を鋭敏な感覚でとらえて一家をなした。

説教の家元的存在は、安居院流だけではなかった。寛元年間（一二四三〜一二四七）に定円《じょうえん》が創始した「三井寺派」という一派もあった。『元亨釈書』には「一家を立つ」とある。この三井寺派も安居院流と技を競う堂々たる説教の家元であり、定円以後は、子孫あいついで一流をなした。しかし、正統の説教としては近世に入って変容し、表面的には安居院流に吸収されたような格好になった。それは、三井寺派が近世に説経浄瑠璃（説経節）を支配して民間芸能となったためである。三井寺派の祖・定円については、詳しい資料が乏しくて不明の点が多いが、『拾珠集』『願文集』巻二などに、わずかに唱導文が載っていて、その説教の様子を想像することができる。文永十年（一二七三）二月中宮寺信如の『太子曼荼羅《まんだら》講式』が定円の作として伝えられている。

安居院流の澄憲の説教と三井寺派の定円の説教とを、はっきりした形で比較することはむずかしいのであるが、強いて較べてみるならば、澄憲の方は才気煥発《かんぱつ》による気迫がこもり、定円の方には粘着性に富んだ諄々《じゅんじゅん》と話す妙味が感じられる。今日、三井寺派の説教技術（雄弁術）を示す資料が見あたらなくなっているのは、三井寺派が近世に入って民間芸能の説経浄瑠璃（説経節）を支配するようになったからであろうと思われる。

安居院流と三井寺派は、中世における日本全国の弁舌家たちのモデルとなって日本話芸史上に君臨した。虎《こ》関師《かんし》錬《れん》（一二七八～一三四六）の『元亨釈書』巻二十九「音芸志」にこの二家のことを紹介し、しかも説教者たちが俗受けを狙うあまりに芸人化した経緯を具体的に「変態百出、揺㆓身首㆒婉㆓音韻㆒」「流為㆓詐偽俳優之伎㆒」と述べている。つまり、説教者たちは高座の上で体や首を動かし、揺るがして、さまざまな型を示し、美声をもって歌いあげ、完全に話芸の徒となっていたのである。

日本仏教史上に法然が出現して新しく浄土教が開かれると、説教は俄《にわ》かに庶民の世界に浸透して著しい変貌を見せた。今まで皇族・貴族を対象として行われることが多かった説教（唱導）が急激に庶民的なものになった。演説体説教が芸能風に行われ、話芸性を帯びる。中世の新興仏教である浄土教系の説教は、民衆の娯楽的要求を受けとめ、譬喩《ひゆ》因縁《いんねん》談に重きを置き、高座の上から巧みに語りかけ、身振り手振りよろしく、表情に感情をこめ、声をきたえて抑揚をつけ、時にはおかしく、時には悲しく、あらゆる話法を駆使して話芸の型をつくった。いわゆる節談《ふしだん》説教の完成である。

このようにして顕密諸宗の貴族仏教的な唱導（説経）と新興浄土教の庶民的な唱導（説教）とが入りまじって舌戦が展開されるところに中世仏教の特色があった。しかし、中世の浄土教興隆後は、旧来の表白体説教では民衆は次第に満足しなくなっていった。良季撰『普通唱導集』がその過渡期の立場をとっている。説教は、いよいよ芸能化し、民間芸能と密接に結びついていった。安居院の名を冠する『神道集』は文芸的要素をもち、天台・真言の説教（説経）も時流にはさからえなくなっていった。説教を庶民層にくいこませるための創意と工夫を見せた安居院の聖覚の力は絶大なものがあったのである。

天台宗から出た安居院流と三井寺派の説教の形態は、譬喩因縁談を中心とする民間説話に重点を置き、説教を実践するものは、説教師・物語僧・遊行《ゆぎよう》者にわかれて、いろいろな方法をとるようになった。今まで伝統的な厳しい姿勢を堅持してきた天台宗の僧たちも山をおり、京都周辺に寺を持って説教を始めねばならなくなった。天台宗の旧来の唱導（説教）が秘伝口授を大切に守りながらも諸派にわかれて、ついにその勢力を新興浄土教団に奪われてしまうのは、時の流れによるものでやむをえないことであった。このような情勢の中で芸能化した説教の流れから琵琶《びわ》法師のような注目すべき芸能者も出現することになった。浄土教の思想を背景にした平曲（平家琵琶）は説教の変形と見てもよいであろう。全国各地を遊行する音芸者たちは、琵琶法師・絵解き法師・物語僧・熊野比丘尼と呼ばれたが、それらもすべて説教者の変形であり、高座で行う説教は、節付《ふしづけ》説教（節談説教）が主導権をにぎって絶大な人気を獲得した。安居院流と三井寺派の説教が日本の話芸の発展に与えた影響は大きい。

中世の説教は、安居院流と三井寺派が弁舌の家元的存在として並立したことや当麻《たいま》曼荼羅《まんだら》講説・絵伝などの絵解きが行われたことを大きな特色とするが、安居院の聖覚に発し、親鸞から覚如・存覚を経て蓮如を出した真宗の演説体説教が話芸的色彩を濃くして近世に入った系列は見逃せない。日蓮宗の演説体説教も盛んで、近世には話芸風の高座説教が盛行するが、中世にすでにその素地が作られていたのである。ただし、安居院流の系統は、日蓮宗には直接入らず、浄土宗から真宗に入っていった。このことについては後に詳しく述べる。禅宗系でも無住や一休のように洒脱《しゃだつ》で通俗的な教化をしたものもある。要するに説教は人々の娯楽的要求を受けとめねばならなかったのである。そのような一面をもつために通俗的な芸能風の説教は大いに繁栄し、全国津々浦々で口演された。この流れから多種多様な芸能が生産された。平曲・説経浄瑠璃（説経節）・祭文《さいもん》・ちょんがれ・落とし噺《ばなし》・講釈・阿呆陀羅経《あほだら》などは、すべて説教の系譜と密接不離の関係をもっている。中世における芸能風の唱導の発展が、全国各地を遊行する多数の芸人たちを生みだしたことは興味深い。その中には修験《しゅげん》道から出たもの、念仏聖《ひじり》の系統のもの、神道《しんとう》・陰陽師《おんみょうじ》系統のものもあり、種々雑多であったが、陰陽師、唱門師（声聞師）、田楽《でんがく》法師、琵琶法師、絵解き法師、物語僧、放下僧《ほうかそう》、歌比丘尼《うたびくに》、傀儡師《かいらいし》（くぐつし）、院内《いんない》、あるき巫女《みこ》などが仏教的な「説教ばなし」を持ち歩いた。その内容は神仏混淆《こんこう》であった。これらの放浪芸人の中には、ほんものの説教師の変貌堕落したものも含まれていた。寺に住む説教僧ではなく、在家に住んでいて説教に歩くものがすでに中世のころに多数あったようである。在俗の法師が、庶民の中に説教をもちこむことによって、みずからの生活を確保できるほど仏教は庶民生活に浸透していた。在俗遊行の説教者たちは、狂言綺語《きぎょ》を多用して説教を一段と娯楽的なものとし、芸能化させたのである。『十訓抄《じっきんしょう》』には「しづかに諸法実相の理を案ずるに、狂言綺語の戯、還て讃仏乗《さんぶつじょう》の縁たり」とあるが、遊戯的で通俗的な狂言綺語による芸風説教は、民衆に大歓迎され、仏教芸能は著しい進展を見せたのである。

節談説教について

前に述べたように節談《ふしだん》説教とは、ことばに節《ふし》（抑揚）をつけ、きたえあげた美声と身振り手振りをもって演技的な表現をしながら、聴衆の感覚に訴える「情念の説教」をいう。「ふしだん」と湯《ゆ》桶《とう》読みするところがなかなか面白い。「フシ」をつけて「談《はな》す」からである。

宗教においては、理屈ではなく感覚的な要素が常に重要である。学問や知識だけでは信心はなかなか得られない。その意味を昔の説教者たちは、よく把握していた。大学の講義のような法話よりも「情念の説教」の方が、より多く受け入れられたのは、感情に生きる人間の歴史から見て当然のことであった。

その昔の説教者たちの威勢は物凄く、芸能人と同じように名声が鳴り響いて、その人気はたいしたものであった。浄瑠璃語り、講釈師、噺家、浪曲師と同様、もしくはそれを上回るほどの人気があった。世に聞えた大説教者がやってくると、二里も三里も離れた遠方から信者（ファン）が押しかけて本堂は立錐の余地もなく超満員となり、そこが終わると熱心な信者たちは次の会場へぞろぞろと説教者についていく。名説教者には熱狂的なファンが親衛隊となってへばりついたものである。現代法話とは大変な違いであった。

真宗の節談説教

節談説教が、安居院《あぐい》流の系を引いて発展したものであることはすでに述べたが、それを最も盛んに口演したのは浄土真宗であった。浄土宗や真宗の説教が、安居院流系であることは、安居院の澄憲と法然、聖覚と法然・親鸞の深い関係を見るだけでも明らかである。特に真宗説教独特の節談説教は、自ら法然に帰依して「説法義の祖」「説経念仏義の祖」とまでいわれた聖覚のすぐれた説教技術を認識して、親鸞が力をこめて製作した和讃の影響も大きかったのである。親鸞が自ら節談説教を口演したのではないが、彼が作った『三帖和讃』は後世の節談説教には必ず引用されたものである。

真宗の節談説教のテキストは、本願寺三世覚如《かくにょ》（一二七〇～一三五一）が撰述した『本願寺聖人親鸞伝絵《ほんがんじのしょうにんしんらんでんね》』二巻（この絵巻から詞書《ことばがき》だけを抜きだしたものを『御伝鈔《ごでんしょう》』といい、絵だけを抜きだしたものを『御絵伝《ごえでん》』という）、『報恩講式』一巻、『拾遺古徳伝』九巻を基本とする『親鸞聖人御一代記』であり、これには諸本があって、説教の台本として説教者の間で秘伝として尊重されたものである。

覚如の子の存覚《ぞんかく》（一二八八～一三七三）が書いた『歎徳文』一巻や『浄土見聞集』一巻なども節談説教のテキストとなった。『報恩講式』（『式文』と略称する。蓮如書写本は『報恩講私記』）の「色塵声塵猿猴《しきじんしょうじんえんこう》のこころなをいそがはしく、愛論見論《あいろんけんろん》、癡膠《ちこう》のおもひいよいよかたし」とか、『歎徳文』の「定水《じょうしい》をこらすといへども識浪《しきろう》しきりにうごき、心月を観ずといへども妄雲《もううん》なをおほふ」というような名文句は、長く節談説教で愛誦されたものである。

真宗の説教が、節談をもって特色を発揮するようになるのは、江戸時代に入ってからのことであるが、すでに中世において蓮如（一四一五～一四九九）のころに話し手と聴き手が一体になるという理想的な姿を現出していた。蓮如は『御伝鈔』の読み方に感動的な節づけをこころみ、説教には繰返し親鸞の和讃を引用した。また、説教の中に和歌を引いて朗詠する方法を効果的に用いた。自作の『御文《おふみ》』（『御文章』）の読み方にも音声の荘厳を示す工夫を自ら実践した。こうして蓮如によって節談説教の基盤は固められ、「聞法《もんぼう》」は強力に推進されるようになっていった。しかし、蓮如が苦心して作った講の組織は、江戸時代には次第にレクリエーションの場ともなっていった一面も生じ、節談説教の会場として繁栄し、「御座《おざ》」ともいわれた説教の会場や説教所（談義所）は、まるで庶民の娯楽の殿堂のように世俗化して、寄席《よせ》のような賑わいも見せたのである。これは、庶民の生活構造が宗教・生活・娯楽（遊び・芸能）を一体とする形態になっていたことを如実に示すものであった。

説教の指導者

菅原智洞

江戸時代に入って東西に分かれてしまった本願寺教団の説教は、いよいよ熾烈《しれつ》をきわめ、全国的に著しい進展を見せて他宗を圧倒した。西本願寺の仲街学林や東本願寺の高倉学寮における真宗教義の研究を説教用に個性化する方法もとられたが、その種の立場で有名な説教の指導者は、本願寺派（西本願寺派）の菅原智洞と大谷派（東本願寺派）の粟津義圭《ぎけい》であった。

菅原智洞は、享保十三年（一七二八）に能登《のと》国羽咋《はくい》郡南邑知村字菅原（現石川県羽咋郡志雄町菅原）の浄土真宗本願寺派・明専寺第六世覚山の第三子として生まれ、寛保元年（一七四一）ごろに上洛して陳善院僧樸《そうぼく》に師事して修学し、第一級の唱導家（説教者）となった。博覧強記で文才に富み、『勧導簿照』『芙蓉《ふよう》篇』『言々海』『巍々《ぎぎ》篇』『説法百華園』『勧向西方篇』『説法微塵《みじん》章』『浄土安心要言断疑本』『無尽蔵』『浄土勧化論語』『勧詞小筌』『三文一録八十余座』など多数の説教本を書いた。これらは、すべて後世の説教のテキストとして大いに活用された。

智洞は、宝暦十三年（一七六三）三十六歳の時に京都からいったん帰国して明専寺第八世住職となっているが、その後、寺を譲り、説教者として各地で教化にあたり、のちに加賀国河北郡大熊村（現在は金沢市鳴和町）の養法寺を再興して住し、安永八年（一七七九）十月二十八日に五十二歳で入寂した。この菅原智洞が、浄瑠璃作者の菅専助《すがせんすけ》（『桂川連理柵』『摂州合邦辻』など単独作八、合作二十三に及ぶ作品を残す）と同一人物であるという説が、明専寺や養法寺に伝わっているのは、まことに興味深い。

粟津義圭

今一人、重要な説教の指導者に粟津義圭がある。義圭は近世における真宗大谷派（東本願寺派）の大説教者であった。寛政十一年（一七九九）五月十日に入寂しているが、享年は不明である。名は諦住、字《あざな》は義圭、近江国膳所《ぜぜ》（現大津市木下町）の響忍寺に住したが、その場所は粟津ケ原に近く、すぐれた環境の中で説教の構想をねったのである。

粟津義圭の名声は全国にとどろきわたった。高倉学寮で真宗教学を熱心に研究し、寛政三年（一七九一）二月に『徹照西方義』を著わして本願寺派第六世能化功存の『願生帰命弁』に反論したことは、宗門ではよく知られた。義圭は、真宗学者として第一級であったが、広く教義を唱導することを志し、説教本を次々と著述して、後世、本願寺派の菅原智洞とともに説教の巨匠として併称されるに至った。

　義圭の著書は厖大《ぼうだい》なものである。『御伝鈔演義』『四十八願喚鈔』『和讃即席法談』『正信偈《げ》勧則』『高僧和讃開導』『阿弥陀経依正譚《えしょうたん》』『善光寺如来東漸録』『御式文述讃』『一枚起請文説藪』『二《に》河白《がびゃく》道《どう》護信録』『現世利益弁』『新選即席譚』『御文浚溝録』『大坂建立章説』『御文末代』『無智奨訓』『善悪業道談』『高僧和讃写瓶録』『改悔《がいけ》文《もん》便導』『帳中五十座法談』『巻懐五十座法談』『真宗安心消息』『袖珍《しゅうちん》月しるべ』『袖珍勧考』『袖珍勧録』『袖珍勧序考』など次々と著述をなし、そのおびただしい著作は山と積まれた。いずれも説教にただちに応用できるテキストであり、多くの譬喩因縁談を扱った名説教本であるために長く後世の説教者たちに愛読された。

　江戸時代後期から明治・大正・昭和初期にかけての節談説教の高度な内容や技術は、すべて菅原智洞と粟津義圭、恵門（後述）らによっているといっても過言ではない。近代における説教興隆の基盤を築いた智洞や義圭の功績は甚大である。

節談説教の型

節談説教には、定まった型が作られていた。この型の伝承は日本の話し方技術の歴史を考える上でも重要である。

古い説教の型に「三周説法」（法説・譬喩・因縁＝天台宗で『法華経』迹門正宗分《しゃくもんしょうじゅうぶん》の開権顕実の説相。法華経』の真意を説くために用いられた説教の一方法）というものがあったが、この三周（法説・譬喩・因縁）を応用したものを中味にして、最初に讃題を置き、末尾に結勧（結弁）を置く「説教の五段法」は、浄土宗でも真宗でも作られ、固定した型として伝承された。この型は、安居院流の系を引くもので、近世初期には固められていたものと思われる。

浄土宗には、「説教の五段法」として「讃題・序論〈起〉・法説〈承〉・譬喩〈転〉・合釈〈結。結帰一行〉」という型の伝承があるが、典型的な「五段法」として真宗の説教界に伝えられた型を次に示しておく。

一、讃題

これから説こうとする一席の説教（法話）のテーマとして経論・祖釈（経典や法語）の一節を節《ふし》をつけて感銘深く読みあげる。説教は、仏徳を讃歎して法門の深義を平易に説くものであるから、讃歎の本題であるという意味から名づけられたものである。『浄土三部経』や七祖（浄土真宗では龍樹・天親・曇鸞《どんらん》・道綽《どうしゃく》・善導・源信・源空〈法然〉）の釈義より蓮如の『御文《おふみ》』（『御文章』）に至るまで、いずれも讃題として用いられるが、宗祖親鸞の『正信偈《しょうしんげ》』または『三帖《さんじょう》和讃』を用いることが多い。

二、法説

「三周説法」における法説周は、天台宗本来の意味では「仏上根《ぶつじょうこん》の人のために直ちに法体《ほったい》に約して十如《にょ》実相の理を示し、三乗・一乗の法門を説いた」一段をいうのであるが、ここでは讃題の法義を今少しわかりやすく解説することをいう。

三、譬喩

「三周説法」における譬喩周は、「仏中根《ちゅうこん》の人のために譬喩に約して三車・大車にたとえて三乗・一乗の法門を説いた」ことをさすのであるが、ここでは讃題、法説を一段とわかりやすくするために譬喩談（たとえばなし）をできるだけ興味深く話すことをいう。

四、因縁

「三周説法」における因縁説周（略して因縁周）は、「仏下根《げこん》の人のために因縁に約して三千塵《じん》点劫《てんごう》の昔、大通智勝仏の下に法華を履講《りこう》した際に妙法を説いた」一段をいうのであるが、ここでは讃題、法説を証明するための事例をあげる因縁談をさす。

五、結勧（結弁）

結び。聴衆に「安心《あんじん》」を与え、今席の話の要諦をまとめてひきしめる。

要するに讃題（テーマ）が切り出しとなり、法説を導入部としてマクラを振り、譬喩・因縁を中身として結勧をもって結ぶという三部に分けるのである。これを「はじめシンミリ（讃題・法説）、なかオカシク（譬喩・因縁）、おわりトウトク（尊く＝結勧）」とも伝承した。これは洗練された話法の構成だ。これを実演するためには、口演技術を猛訓練によって十分に身につけねばならない。

節談説教の型については、別に二つの大まかな分類もあった。「呼《よ》ぼり説教」（「呼ばわり説教」「呼ばり説教」ともいう）と「因縁譬喩説教」である。「呼ぼり説教」（愛知県地方の古い方言から出た呼称）は、大勢の聴衆に対して呼びかけるように、人を呼ぶ時のように、語尾を長く引っぱって、しかも諄々《じゅんじゅん》と話して感銘を与える方法で、マイクがなかった時代に大会場で、耳の遠い老人の多い聴衆に説教するのに、すこぶる有効であった。「因縁譬喩説教」は、譬喩因縁談（多くの仏教説話によるたとえばなし）を中心にした通俗説教で、楽しく興味深い内容の説教をさす。

普通、説教者《せっきょうじゃ》と呼ばれる人は、少なくとも三十か五十程度の話材を常に保持していたが、大説教者（真宗では、これを「和上《わじょう》」と呼んで尊敬した）といわれる人は、数百もの持ちネタがあった。その豊かな材料を駆使して独特の型を誇示したものである。明治・大正期の節談説教でも、東保《とうぼ》流・椿《つばき》原《はら》流・遠藤流・渥美《あつみ》流・調《しらべ》流などという流儀による型の伝承があり、旧来の能登《のと》節・加賀節・筑前節・安芸《あき》節・越後節・尾張節・三河節などとともに説教ファンの間では評判であった。浪曲の世界に関東節・関西節・中京節などという節まわしの呼称があるが、節談説教では節まわしが江戸時代から尊重されていたのである。

節談説教の芸能性

今、在座のわれわれが、三界六道生死輪転《さんがいろくどうしょうじりんてん》の迷いの山路《やまじ》に踏み迷い、道は八万四千と分かれてある、妄念煩悩《もうねんぼんのう》の雨は降る、善根功徳《ぜんごんくどく》の傘《かさ》はなし、罪業深重《ざいごうじんじゅう》の荷物は重く、無明長夜《むみょうぢょうや》の闇《やみ》の夜《よ》に、智恵の灯火《ともしび》持ってはおらず、このまま死なば狼狐《おおかみきつね》でない、牛頭馬頭阿房羅刹《ごずめずあぼうらせつ》の手にかかり、泣く泣く三途《さんず》に沈まにゃならぬこの奴《やつ》を、向うの方から光明無量の提灯《ちょうちん》には、機法一体《きほういったい》の定紋《じょうもん》つけ、大音《だいおん》あげて

サア親が迎えにきたぞー

「我《われ》が使いに我《われ》が来《き》にけり」と、迎えに出たのが御開山《ごかいさん》、墨《すみ》の衣に墨の袈裟《けさ》、（中略）表は愚禿《ぐとく》の親鸞《しんらん》でも、裏は浄土の阿弥陀仏、親が直々《じきじき》迎いにきたぞ、左へ行けば自力聖道《じりきしょうどう》の難行道《なんぎょうどう》、山あり川ありなかなか行かれる道ではない、右へ行くなら本願一実《じつ》の大道じゃぞ、

「無明長夜《むみょうぢょうや》の燈炬《とうこ》なり、智眼《ちげん》くらしとかなしむな」

罪や障《さわ》りの荷物が重くとも、

「願力無窮《がんりきむぐ》にましませば、罪業深重《ざいごうじんじゅう》もおもからず」

足が弱いと心配するな、

「生死大海《しょうじだいかい》の船筏《せんばつ》なり」

生死《しょうじ》の海は弘誓《ぐぜい》の船、死出の山路《やまじ》は摂取《せっしゅ》の駕籠《かご》、乗せてかならず連れ帰るぞと、呼んでくださ

るお言葉が、腹黒からざる生々世々《しょうじょうせせ》の親じゃもの、聞《もん》と聞くなり信ずるなり、聞即信《もんそくしん》の一念に、往生の業事成弁《ごうじじょうべん》し、何時《なんどき》命終わっても、生死輪転《しょうじりんてん》の山中より、寂静無為《じゃくじょうむい》の親里へ、親に連れられて帰るとは、御恩尊《ごおんとうと》や南無阿弥陀仏く。

右は木村徹量述の『信疑決判説教』に収まる浄土真宗の節談説教の一節で、近世末から近代にかけて一世を風靡《ふうび》したものである。日本語の特色をよく生かし、七五調を基にしたリズミカルな美しい表現、宗義《しゅうぎ》を踏まえ、和讃や法語を巧みに導入し、美声による見事な節まわしで聴衆の心の中へ入りこんでいく。これは長い歴史の中で幾多の説教者が幾度も口演して練りあげてきたものである。

節談説教は、すぐれた話芸であり、歌謡性も含まれている。巧みな説教者の口からは、名文句が流れ出る。説教者の饒舌《じょうぜつ》と巧妙な話芸に聴衆は陶然と酔う。そして、人気俳優のような名声が高まるにつれて節談説教は著しく様式化し、説教者は聴衆の歓心を買おうとつとめて俗受けを狙い、無下に卑劣な話芸者《わげいしゃ》におちいったりもした。

節談説教が話芸として評判が高かったことは、松岡譲の小説『法城を護る人々』の中に活写されている。節《ふし》おもしろく親鸞や蓮如の一代記を語る説教者、『石山軍記』を口演して群衆を吸いこんでしまうもの、「売談僧」と呼ばれる説教者などが登場し、「説教者が一人でも多く聴聞者の集まるのを喜ぶのは、寄席《よせ》の芸人が客を呼んで喜ぶのと少しも変わらない」と述べる部分もある。

また、全国を説教して回る説教者のことや真宗の節談説教独特の「せり弁」について説明するくだりもある。

「えっ、せり弁ですか、それは浄瑠璃で言やさわり、芝居で言や大薩摩、チョンガレ節で言や道行といった聞かせ場見せ場で、こう、その調子にのって、七五調で、いやでも応でもお念仏をしぼりださせるように、泣き落としてくる手なんです。(中略)せり弁で人を泣かしたところへ、すぐ賽銭《さいせん》を集めに回るあの呼吸が、私らから見ると実になんともいえません……」

芸能化し、卑俗化した説教の例は、昭和二十八年十一月に書きおろしで出版された丹羽文雄の小説『青麦』にもあらわれている。

「高座の説教師は、善男善女を手だまにとっているようであった。浪曲に近い肉声の魅力が聴衆をうっとりとさせた」

「説教師は、これほど容易なありがたい教えが何故《なぜ》わからないかといった調子で、答えばかりをくりかえし、ありがたい節まわしで押しつけた。……念仏をとなえずにはいられない雰囲気を、説教師は巧妙につくりだした。説教は、中途で休憩がはいった。説教師は高座を下《お》りて、奥座敷にかえった。すると、寄席の休憩時間にもの売りが客席をあるくように、世話方が粗末な、四角な盆を、あちらこちらちらばらして歩いた。うけとった参詣者は、なにがしかの賽銭をいれて、となりのひとに渡した。それが順ぐりにまわされて、最後に世話方が盆をあつめてあるいた」

「上手な説教師は自由自在に善男善女の感情、心理をあやつることができた。質問されることはなかった。『聖人《しょうにん》のつねの仰せには、弥陀《みだ》の五劫思惟《ごこうしゆい》の願をよくよく案ずれば、ひとえに親鸞一人がためなりけり』というところでは、唯一の泣かせどころのように、浪曲かおまけの節まわしでうなった。さんざん飜弄《ほんろう》され、いい気もちにされた参詣者は、ひとりのこらず仏にたすけられたような気もちになってしまうのである」

右の文章の中からも、節談説教が話芸として大いに口演され、芸能化した説教が盛んに行われていたことが実によくわかるのである。

説教の修業と技巧

節談説教の技術を習得するためには、すぐれた師匠に入門して随行《ずいこう》修業をするか、東保流説教（播州東保《ばんしゅうとうぼ》・福専寺獲麟《ぎゃくりん》寮《りょう》）や遠藤流（大阪・獅子吼《ししく》寮）の訓練のように合宿して修業するか、どちらかの方法をとった。

随行制度というものは、説教界では古くから行われていたことであるが、真宗においては江戸時代に盛んに行われたことが、説教本の奥書や明治以後の説教者の生活から察知することができる。明治時代には大説教者といわれる人は、随行を二人も三人も連れて各地を巡回したものである。随行は、師匠の法衣《ほうえ》・袈裟《けさ》・袴《はかま》をたたんだりする身辺の世話から修業をはじめた。随行は師匠（和上《わじょう》）

の登高座の前に一席しゃべらせてもらう。これを「前座《まえざ》」（信者たちは「お前座《まえざ》」と呼んだ）といった。現在の落語界にある前座《ぜんざ》制度は説教界から出たもので、形式は同じである。「お前座」が登場することは、昭和十年代まで全国各地の説教の会場で見られた。この随行制度は、太平洋戦争から自然消滅してしまったが、これは単なる技術の伝承だけではなく、説教の精神（心《こころ》）を伝える上でも重要であった。

　近世から近代にかけて有名だった説教の道場は、播州・東保の福専寺（浄土真宗本願寺派）であり、「東保流説教」といわれて全国に知られた。この東保流を開いたのは、福専寺（現兵庫県揖保郡太子町東保）に住した恵門《えもん》（一七九一～一八六二）であった。恵門は若くして京都・西本願寺の学林に学び、帰国後、福専寺の中に説教道場・獲麟寮《ぎゃくりんりょう》を設立し、全国各地から入門してきた多数の子弟を指導した。文政・天保（一八一八～一八四四）のころに東保流はよく知られ、関西地区はもとより、関東、中部、山陽、山陰、九州、四国の各地から続々と子弟が入門し、その伝統は近代にまで及んだ。入門者は真宗各派だけではなく、浄土宗の子弟も入門したという。

　神子上恵龍氏「東保流説教解説」によれば、恵門は、獲麟寮の中に研学・説教の二科を設置し、特に説教技術の指導に力を入れたようである。架蔵の東保流説教稽古本『譬喩因縁三信章開導説教』には「白コ」「引」「フシ」「上」「下」「初」「二」「三」「ウキノリ」「カロク」「ユルリ」「小声」「スクウ」「ハル」「シボル」「ハネ」「拍子」「アゲ」「ハヤク」「ウレヒ」「セリ」「大声」「オクル」など行間に多くの書き入れがあり、東保流における節談説教の激しい稽古の跡が見られる。

東保流の説教には「正宗弁《しょうじゅうべん》」「流通弁《るづうべん》」という宗学的な呼称がある。譬喩・因縁・和讃・和歌を導入し、芸能的な節《ふし》づけを旨として口演技術を教えながらもこの名称を用いたのは、真宗学を最重要視し、宗意安心《しゅういあんじん》の宣揚に苦心した高度な教化の姿勢を示したものである。福専寺獲麟寮へ集まった寮生たちは、説教の台本を持って高座へ登り、台本を見ながら一席ずつ稽古をした。この方法を「輪談《りんだん》」という。東保流説教には「地《じ》」「棒引《ぼうびき》」「位引《くらいびき》」「力味《りきみ》」「威張《いば》り」「乗り」「拍子」「逼《せ》り」「当《あた》り」「ハネ」などの口調があり、輪談にあたって指導者（寮主）が寮生（実習生）の口調を正し、教え、繰返し稽古をさせた。「地《じ》」は一般的な世間話、時候の挨拶、物事の説明などに用いるものであり、ゆっくりと話し、語尾を強くいう。「棒引」「位引」「力味」「威張り」は主として聖教《しょうぎょう》の文を引用する時に用いる口調であり、節談説教の細緻《さいち》な技巧を示す。「棒引」は抑揚をつけずに、高く、大きく、真直《まっすぐ》に、棒のようにゆっくりという。「位引」は真宗で『御伝鈔』を拝読する時の荘重な調子であり、「力味」は「地」に力を入れて「棒引」と較べてテンポの早い調子、「威張り」は「御《お》文《ふみ》」のはじめの一句を力むことをいう。「乗り」とは弁舌快調の時に長く、強く、激しく弁じたてる口調をいうが、この「乗り」の中でも特に楽しい場面を描写する時には、その場面を写実的に描写する必要がある。その口調を「浮き乗り」という。「拍子」には甲拍子・乙拍子の二種があり、前者は持ち前（天性）の発声で、第一句を上からいえば第二句は下からいい、第三句は上から、第四句は下からと交互に声を出す技巧をいう。後者は、しみじみと人情を語る場合に用いる技巧であり、一句一句を上から、下からと交互に述べる。「逼《せ》り」は理論が一段落着く時に意味を徹底させるために用いる口調であり、次第に声を逼《せ》りあげ、調子を上げ、最後に語勢を落とすことをいう。語勢が全く落ちるところを特に「落ち」という。「当り」とは、語尾を長くいい、特に力を入れることをさし、「ハネ」はその時まで用いてきた声のままで語尾をはねあげることをいう（神子上恵龍「東保流説教解説」）。これらの技巧は、卓抜な雄弁術を示すもので、話芸としての節談説教の特色を十分に教えている。

悪人目《あくにんめ》当《あて》の御《ご》本願《ほんがん》じゃもの、なんの遠慮がいるものか、油断のなきが弥陀《みだ》の本願、落ちこむばかりの私を、いかなるお慈悲の御顕《おあらわ》れぞと、額《ひたい》に角《つの》は生《は》えねども、鬼をあざむく悪人凡夫《あくにんぼんぶ》、背《せな》に鱗《うろこ》はなけれども、大蛇《だいじゃ》にまさる大罪人、この世の縁の尽き次第、眼《まなこ》を閉じたがこの世なら、開く眼《まなこ》は自《じ》然化生《ねんけしょう》の清浄界《しょうじょうかい》、開くも弥陀の正覚《しょうがく》の花、どちらが弥陀やら衆生《しゅじょう》やら、寸分《すんぶん》変わらぬお証《さと》りと、思えば〱勿体《もったい》ないと、頂き上げては南無阿弥陀仏。

（福専寺述『譬喩因縁 三信章開導説教』）

節談説教の興隆

節談説教の伝統は、明治から大正に入ってもなかなか衰えなかった。説教者たちの羽振りは大したもので、芸人以上の名声が鳴り響いてその人気は絶大であった。大説教者の門弟（一門の人たち）のことを「誰々社中」と称したのも芸能的であった。

説教者は、マイクのない時代に育成されたので、声の訓練が第一とされた。発声練習は数多く話すことによって続けられ、説教特有の声を出した。白声―引句―しわがれ声（しゃがれ声）という発声と節調の系譜に節付《ふしづけ》説教（節談説教）―説経浄瑠璃（説経節）―祭文―浪花節の系譜を合わせて考えることができる。説教には、聴き上手の人たちが多く、熱心に高座を取り囲んだ。そして説教の要所々々に「受け念仏」（「あげ念仏」ともいう）を入れて雰囲気を盛りあげた。聴衆の感きわまっての「受け念仏」は説教者の話を高潮させるのに役立った。説教聴聞者の中から鯨波《とき》のような念仏が起こる光景は、日本の話芸の極致を示すものであり、宗教的雰囲気としても最高の場面であった。また、聴衆（信者・門徒）が説教者を育てるということも行われた。随行（前座）の口演を厳しく批評して一人前の説教者に育てあげた。その修業方法は昭和十年代まで実際に行われていたのである。

説教が一席終わるごとに賽銭方《さいせんかた》が、柄笊《えざる》や盆で賽銭を集める方式が真宗の説教では盛んに行われる。普通、説教の収入は、一割を本山へ納め、残りを寺と説教者が折半するのであるが、賽銭のあがりが多い時は、当然、説教者の収入がふえる。有名な説教者の収入は大きかった。修練を積んだ大説教者は、持ちネタが豊富で、三百から五百にものぼる話材を高座で駆使したものである。明治・大正期の東西本願寺の布教使として令名が高かった本願寺派（西本願寺派）の大野義渓・木村徹量、大谷派（東本願寺派）の宮部円成・服部三智麿らの巨匠による名説教は昭和に入っても長く語り草となった。説教者の評価を左右するものは、あくまでも口演技術の優劣であり、タレント性が必要であった。「一声《いちこえ》、二節《にふし》、三男《さんおとこ》（見栄《みばえ》）」といい、声がよく、節まわしが巧みで、男ぶり（人品）が良いことをもって上等の説教者とした。

真宗における節談説教の内容は、まず讃題には『浄土三部経』や七高僧の釈義より蓮如の『御文《おふみ》』（『御文章』）に至るまで宗義を説くのにふさわしいものを用いたが、『正信偈』や『三帖和讃』がよく使われた。本題では『親鸞聖人御一代記』が中心となり、法然上人や蓮如上人が頻出するのは、真宗の立場上当然のことである。釈尊伝、経典の解釈、真宗教義―聖浄《しょうじょう》二門・頓漸《とんぜん》二教・二雙《そう》四重の判釈、『教行信証』『末燈鈔』『六要鈔』『歎異抄』『改邪鈔《がいじゃしょう》』『御消息集』『御文』（『御文章』）などを引く説教や、篤信者（妙好人《みょうこうにん》）を扱う話が本筋で、何よりも安心《あんじん》を正しく説くのが主旨である。

しかし、節談説教の面白さは譬喩因縁談にあり、それが聴聞者にとっては最も楽しく、心を引かれる部分である。近世においては、その材料は民間説話や多くの芸能から逆輸入した。浄瑠璃・歌舞伎・落語・講談・浪花節ふうのものが多く、「平家女護《にょご》ケ島」「本朝二十四孝」「芦屋《あしや》道満大内鑑《どうまんおおうちかがみ》」「菅原伝授手習鑑《すがわらでんじゅてならいかがみ》」「義経《よしつね》千本桜」「仮名手本忠臣蔵」「三十三間堂棟由来《げんどうむなぎのゆらい》」「関取《せきとり》千両幟《のぼり》」などの、近世から近代にかけて庶民に親しまれたものが機法《きほう》一体の譬喩談として巧みに導入され、整った一席の説教となった。史上に名高い文覚《もんがく》上人は説教で最も親しまれ、悪七兵衛景清《あくしちびょうえかげきよ》、濡髪《ぬれがみ》長五郎牢抜、美濃国祐則出牢、長五郎の息子新助のこと、寺岡平右衛門（忠臣蔵）などは、いずれも願力成就横《がんりきじょうじゅおう》超直道《ちょうじきどう》の弥陀法にしたがって展開された。それらが明治・大正期にも盛んに口演されたことは、木村徹量述『信疑決判説教』（大正十一年一月発行）を見ても明らかである。

　節談説教の興隆に大いに役立ったものの一つに説教所がある。これは、もともと寺が少なくて聞《もん》法《ぼう》に不便な土地に設けられた説教道場をいう。説教所設立の手続きはややこしいものであったが、明治・大正期には続々と誕生し、節談説教は大繁盛であった。説教所で葬儀や大法会《ほうえ》を行うことは禁止されていたが、いつでも説教が聞けるというので、一般庶民にとっては楽しい場所であった。趣旨は違うが寄席と同じであった。この説教所を経営して大成功をおさめた例もあった。名古屋の「梅本説教所」などは年中無休（大晦日《みそか》と元日のみ休み）で常時満員の一流説教所であった。毎日、朝席一席、昼席二席、夜席二席の説教があり、ここへ大説教者が来た時には、近くの寄席（「文長座」といったが、今はない）の客が減ってしまうほど節談説教は人気があった。

　わが国の説教は、中世から近世を経て、明治・大正・昭和初期に至るまで節談説教（節付《ふしづけ》説教）による通俗的で芸能的なものが主流を占めた。それは日本の話芸の主流を占めたことになる。近世後期に落語や講談が盛んになっても、それらは都会の限られた寄席で栄えたものであって、全国津々浦々で行われた節談説教のファン（信者）に較べれば問題にならなかった。節談説教を現行の法話から連想したら大きな間違いである。節談説教は、話芸として卓越したものであった。

日蓮宗の高座説教

日蓮宗伝統の高座説教も、芸能風の表出法をとる節談説教の類型であり、「繰《く》り弁」と称する話芸は注目される。日蓮宗の説教については影山堯雄著『日蓮宗布教の研究』が大いに参考になる。同書に示されている布教者表の中には、安国日奥（一五六五～一六三〇）、寂静日賢（一五六九～一六四四）、本覚日英（一五八四～一六四七）のように説法回数は不明でも布教の上で強力な感化力をもっていたものも含まれているが、刮目《かつもく》すべきは、万余に及ぶ説教の実践者が九人もあることだ。中でも際立っているのは、境妙日統（一六八六～一七四四）で、説法回数二万二千四百座に及んでいる。これは東京・円真寺にある供養塔銘や市川市・唱行寺の『歴代譜』によって調査されたものであるが、日統は十九歳から六十歳まで四十一年間に一日一座以上の説教を口演し続けたことになる。この日統よりも先に出た霊鷲日審（一五九九～一六六六）は、京都・立本寺の二十世になった人であるが、九州や北陸にも教化の足跡を残し、二万座説法の記録を残している。また、覚成日念（一六三四～一七〇七）は江戸の民衆を教化し、二万余座の説教を実践した。その他、本成日饒（一六六三～一七四三）の一万三千座、守玄日顗（一六八一～一七五三）の一万三千余座、上妙日瞻（一八〇〇～一八六七）の一万三千座など「常説法教化」の実践者が目立つ。

江戸時代の説教は、各宗で盛行したが、演説による激しい説教は、真宗（一向宗）が大いに実践し、浄土宗も熱心におこなった。そして一方で日蓮宗が激しく実行した。いずれも宗旨の方針の中に説教という化他《けた》中心の事業があったからである。説教回数の上では、真宗の説教者の中には数え切れないほどの実践者がおびただしくあった。

日蓮宗における伝統的な高座説教は、おおむね次のように行われる。『伊藤日定上人高座説教集』解説書における西片元証氏の説明によると、

「日蓮宗の伝統的な高座説教は、本堂にほぼ高さ四尺五寸、巾四尺四寸、奥行三尺五寸の高座を設け、聴聞する大衆は唱題をもって説教者を迎えて行われる。説教者は正装をして、『法華経』『日蓮聖人遺文』の註釈と笏《しやく》とを入れた科註箱をもった侍者を随え、おもむろに登高座し、定められた作法ののち、願文《がんもん》・経文・唱題・説前回向・祖書・讃歎文をとなえる。説教者と聴衆が宗教的な雰囲気のなかで一体となったところで、静かな間《ま》をつくる呑茶の作法があり、そこからはじめて談義に入る。談義は通俗的な話材をもって信仰の大切なことを説くのが通例である。中回向ののち、祖伝（日蓮聖人の伝記）によって談義の趣旨を完成させ、聴衆が信仰の世界に一体となった感激のなかで、唱題、説後回向、受持、宝塔偈《げ》をとなえて、説教者が高座を降り、退場するのである」

ということである。

右の説明により、わが国の古い説教の形式が日蓮宗でも長く伝承されてきたことがよくわかる。

どの宗派でもいえることだが、高座の高低には一長一短がある。日蓮宗における説教師の、侍者をしたがえての登高座には威厳がある。聴衆の唱えるお題目と太鼓に迎えられて高座に登った説教師が、お題目の声の中で開経、焼香散華と手順を進めるのは興味深い。磬を打って唱題の声をとめると、説教師は低い声で願文をとなえる。「願我生生見諸仏（願わくは生生に諸仏を見たてまつり）、世世恒聞法華経（世世に恒《つね》に法華経を聞かん）、恒修不退菩薩行（恒《つね》に修して菩薩行を退せず）、疾証無上大菩提（疾《すみやか》に無上の大菩提を証せんことを）……」聴衆はこの説教師の願文を傾聴し、説前回向に合掌して一心に拝む。やがて日蓮の遺書『御妙判《ごみょうはん》』の一節が読みあげられると、聴衆は「受け題目」で押しいただくようにして拝聴する……。

この形式は、各宗ともほぼ共通したところがある。おおむね日本仏教における類型的な型である。日蓮宗では説教師がお題目と太鼓に迎えられるが、浄土宗ではお念仏と木魚で迎えられる。登高座後の所作は、それぞれその宗旨の方法で行われることは当然だが、日蓮宗で低く願文をとなえるのは、真宗や浄土宗の説教で讃題をとなえるのと同じである。真宗の「受け念仏」も日蓮宗の「受け題目」も、ともに説教のムード作りとして重要である（浄土宗の説教作法については、讃誉牛秀《さんよぎゅうしゅう》著『説法色葉集』〈流布本は『説教式要』〉巻一に具体的に記されている）。

日蓮宗の説教で、途中または後に諷誦文《ふじゅもん》、回向、頂経などが行われるというのは一つの特色を示すが、何といっても日蓮宗の説教の最大の特色は「繰《く》り弁」と呼ばれる日蓮の伝記を語る話芸である。この「繰り弁」による祖伝をもって終わる説教形式は、他宗には例をみないユニークな方法である。「繰り弁」は、真宗の節談説教における「逼《せ》り弁」とともに、日本の伝統説教を代表する特異な雄弁術として注目される。日蓮が鎌倉松葉谷襲撃法難の次に受けた伊豆国流罪法難の時、鎌倉由井ケ浜で、日蓮と日朗の別れの場を語る一節は人口に膾炙《かいしや》したものである。特に「月西山に傾く時は日蓮伊東に在りと知れ、旭東天に昇らば日朗鎌倉に在りと思うべし云々」は有名である。この種の話は、真宗の節談説教『親鸞聖人御一代記』の中の「越後流罪の段」における法然と親鸞の別れにも見られて同工異曲である。影山堯雄著『日蓮宗布教の研究』には、「繰り弁」の起源について『日蓮聖人註画讃』『元亨釈書《げんこうしやくしよ》』『本朝高僧伝』などの記事によって考証が進められ、近世の『法式之条目』に見える「仕形戯言」や、のちの「狂言役者の色言」などの語を示して次第に話芸化した「繰り弁」の歴史が述べられていて、すこぶる興味深く、かつ有意義である。

いずれにしても日本仏教各宗の説教が、俗受けを狙って芸能化し、話芸として大衆に親しまれたことは明らかで、そこから落語・講談などの話芸が派生した。特に「繰り弁」が講談に強い影響を与えたことは容易に考えられる。歴史的には説教の方が先行したことはいうまでもない。「繰り弁」は、話芸の講談よりも古く起こり、独自の形で発展し、師資相承したものと思われる。それが近世後期から近代に及んでようやく講談の方が話芸として洗練されたため、説教と相互交流するようになったのである。講談調の説教の方法は、真宗の節談説教にもある。それは安居《あぐい》院流系の技巧の一つを再創造したものであるが、日蓮宗には安居院流は直接入らず、日蓮宗独自の立場で「繰り弁」は創造された。日蓮が用いた口唱題目運動と談義は、まことに強力な布教法であった。伝統的なすぐれた日蓮宗の談義は、安居院流を受けた浄土教系の説教とは名状し難い次元で異質であることに研究者は注意したい。しかし、芸能化した「繰り弁」は卓抜な話芸であり、表出法の上では節談説教のカテゴリーに入る。

節談説教の衰退

仏教伝来後、長く続いてきた節談《ふしだん》説教（節付《ふしづけ》説教）は、近代に入って衰退し、次第に滅亡への道をたどることになった。話芸に徹して雄弁を誇示する通俗説教への批判の声は、夙《つと》に虎関《こかん》師錬《しれん》の『元亨釈書』にあり、江戸時代の一部のインテリの間にもあった。明治時代になると急激に入ってきた西洋の近代思潮が、にわかに旧来の説教に非難を浴びせはじめた。西欧文明の移入により、わが国には西洋崇拝者がふえ、日本の伝統を「古くさい」と誤解する人物も増加した。さらに近代的学問の進歩、キリスト教の進出の中で旧態依然たる節談による通俗的な芸風娯楽説教は衰退を余儀なくされた。節談説教は、近代仏教の布教法としては、当然変容しなければならぬ運命にあった。

節談説教が衰退するについては、何よりも同じ宗門の内部からの批判が高まってきたことを第一にあげなければならない。宗門の内部に優秀な学僧や指導者が続出するに至って、芸風節談説教はいよいよ異端視、低俗視されるようになった。そして、一般の教育も高まってきた。そのために一般社会人の眼には通俗的な説教よりも学問的な講演・講義式の法話の方が立派で、高度なもののように見えるようになった。

この現象は、わが国の歴史を通じて最も盛んに節談説教を口演した真宗の布教界に敏感に反映し、布教者仲間で互いに節談を自粛し合う風潮が生まれた。大正元年十二月発行の『仏教講義録』第十二号（龍谷学会発行）で、当時の本願寺派司教であった弓波瑞明は

「演説といひ、説教といひ、何《いず》れも人を感化して実行せしむるを以て目的とするものなれば、他の娯楽的興行物とは、全然其趣《そのおもむき》を異にするは云ふまでもない。浪花節や浄瑠璃なれば、聞く者をして嗚呼《ああ》面白かったと思はしむれば則ち足る、相撲や演劇なれば、観る者をして唯《ただ》愉快であると云ふ印象を与ふれば則ち可なりである。左《さ》れど布教は唯《ただ》愉快である、面白い、上手であると思はしむる丈《だけ》では何等《なんら》の功能もない、人世（ママ）の一大問題を解決し、未来永劫《えいごう》の苦難を脱却せしめんとする真面目の談判なれば、布教の様式、弁論の巧拙は抑《そ》も枝葉の論である。殊に本宗の布教は、自信教人信《じしんきょうにんしん》の聖訓を規準とする外、他に興行師の術を学ぶの要なし」

と述べた。この発言の中には芸能蔑視の精神が含まれている。さらに弓波瑞明はいう。「今の布教者たる者、猛省一番、流れて詐偽《さぎ》俳優の徒と為《な》らざる様《よう》注意せねばならぬ」「卑猥《ひわい》に渉《わた》る譬喩因縁を用ふ可《べか》らざる事」「譬喩因縁の牽強附会《けんきょうふかい》にして、非常識なるものを避くべき事」「落語、祭文等に

類似せる、醜陋《しゅうろう》の語調を避くべき事」「高座若《も》しくは演壇を乱撃す可《べか》らざる事」「倫理に背馳《はいち》せる因縁談を避くべき事」「不確実なる学説を心得顔に談《はな》す可《べか》らざる事」「勉《つとめ》て陳腐《ちんぷ》を去り、浮華を戒むべき事」などと述べて改良説教の必要性を強調した。これを見るとわれわれは、明治時代に行われていた説教の実態をよく知ることができる。つまり、卑猥《ひわい》な譬喩因縁談、こじつけで非常識な譬喩因縁談、落語・祭文・浄瑠璃・浪花節のような説教、中啓で演壇（高座）を乱打する派手な演出・表出、荒唐無稽な内容などが明治時代の説教でよく行われていたことがわかるのである。

しかし、右の例に見られるような宗門指導者たちの要望とはうらはらに、新しい布教法はなかなか樹立されなかった。説教と学問は本来異質のものであるため、新布教法（改良説教）をいくら唱えてみても、それを唱える人自身の話し方技術は全く拙劣なもので、著述を通じて彼らの主張や論理の新鮮味に共鳴した人々も、ひとたびその講話を聴くや余りの下手糞さにたちまち落胆失望するものが続出する始末であった。話し方というものは、学者や理論家がいうほど容易なものではない。巧みな話し方が簡単にできるくらいならば、長い歴史を通じて幾多の説教者が血の出るような修業をする必要はなかったのである。

さすがに弓波瑞明も右の書の中で「改良説教の標準がないから、教界の名士と云はるゝ者も、説教術といふことになると、平凡なる旧式の説教者に及ばぬといふ感がある。乃で改良説教々々々々と絶叫する間に、旧式の説教が隠約の中に跋扈《ばっこ》すると云ふが、維新以来今日に至るまでの状態である」と述べている。「説教は旧式のちょんがれ・祭文のようなものではいけないから改良すべきである」という布教改革論者の提唱は、まだ大正時代には実際には役立たず、昭和に及んでもまだまだ節談説教は隆盛であった。

柳宗悦氏は『真宗の説教』と題する一文（『大法輪』昭和三十一年一月号）の中で「真宗の説教は、話し手は必ずしも個人として偉い説教者でなくともよい。話術がうまければ更によいであろう」「真宗の説教は話が高潮してくると、いつも韻律をおびて来て、節《ふし》づけになる」「ものが個人的でなく、公のものになる時、かゝる節づけが必然的に招かれてくる」「聞く人は理屈を聞きに行くのが目的ではない」「説教は、ただ納得する理屈を冷静に聞きに行く場所ではなく、その説教の節《ふし》に自らも乗り、感動し感謝し、深く宗教的情熱に浸りに行く場所なのである。教えを知りに行く所ではなく感じに行く所とでもいおうか」と、説教の特色を述べた。節談説教が芸能的であったのは、柳氏の所説のごとく、理屈よりも感覚を重んじていたからである。

さらに柳氏は「(説教者の)中には俗僧も少なくない。修行も勉強も怠って下々の俗人と変らぬものも見かける」「それでも十分つとまるのは、伝承されている安心《あんじん》の道を客観的に説くからである」「真宗の信者はすばらしい受けとり方をもっている」「宗教への理解には、知識がどれだけの働きをするであろうか。知的にわかることが本当の領解を意味するであろうか。決してそうではない」と芸能性を帯びた説教が享受される理由を合理的に分析する。そして、真宗の指導者たちが、話芸風の節談説教を改革して知的な法話にしようとしていることに対して、「改革された道が、どれだけ信心を温め浄め深めるかを、見きわめねばなるまい。説教がもっと知的になったら、おそらく、いつも変らぬ同じ法談をこそ聞きに来るのだというような、すばらしい聞き方はなくなるだろう」と述べた。この柳宗悦氏の発言は、旧説教の方法の長所を鋭い観察眼で把握したものである。

しかし、教育の発展とともに旧説教は、確実にインテリにはきらわれていった。近代の知識人の眼には、伝統説教者の態度に古い職業家の姿を見ることができても、すぐれた近代の宗教家としての姿を見いだすことができなくなったという一面もあった。そればかりではなく、節談説教が衰退するについては、今一つ理由もあった。それは娯楽機関の発展とマス・メディアの発達であった。旧時代の説教者はマスコミの役割も果たしていた。しかし、報道機関は進歩発展し、大正時代には活動写真や蓄音機があらわれて、もはや浄瑠璃・浪花節ふうの節談説教では人が集まらなくなったという理由で、意外に早く衰退してしまうことになった。さらに、トーキー映画やラジオが普及し、やがて太平洋戦争が起こり、随行制度も説教所もことごとく姿を消してしまった。戦後にはテレビが出現し、説教で娯楽的要求を満たす必要は全くなくなり、その上、教育機関の発達のため説教聴聞で知識を得る必要も少なくなったということもあり、長い歴史と伝統を維持し続けてきた節談説教は、ついにほとんど完全に終焉《しゅうえん》をとるに至ったのである。そして、昭和六十年代に入った現在では、節談説教の継承者は、全国に僅か数人を残すのみとなった。

大正から昭和にかけて、節談説教を批判する声は徐々に高まってきたのだが、昭和二十年代以後、その伝統は、まず外形が変わった。「説教」という、日本人が一千年以上も馴《な》れ親しんだ名称も「布教」「伝道」「法話」を多用するようになり、高座をテーブルと椅子に変えた寺院が多い。それでも聴衆は昔ながらに寺の本堂の畳の上に坐り、賽銭《さいせん》集めだけは昔通りに行われているところが多い。この矛盾をどう見るか。それにしても、かつて節談を交えた名説教が、群参の大念仏と合掌を呼んで最高の宗教的雰囲気をかもしだした感動的な光景が、現代の法話の席でさっぱり見られないのは何としたことであろう。旧説教の悪い面は捨て去るべきであるが、長所は十分に研究して新時代の布教法を樹立すべきであろう。節談説教には「情念」があった。仏教における情念の復権は、科学時代に生きる現代仏教界の重要な課題である。

信仰は、学問や理屈ではない。本来、説教と学問は異質のものであり、時には著しく次元を異にする。それを混同してしまったところに現代法話の最大の問題点がある。説教教化には情念が必要である。学問や理屈が優先してしまうと情念を喪失し、感銘度が稀薄になり、説教の迫力が減退する。庶民のこころは遠くへ追いやられてしまう。昔に較べて現代寺院の法話の聴衆が減少したのは情念喪失に起因する面がある。面白くもなく、ありがたくもない、難解な哲学や宗教学の講義のような法話の会場に宗教的雰囲気が漂わぬのは当然であろう。これは、ある意味で現代仏教に重大な危機が到来していることを示唆する。だが、真の伝統とは、それぞれの時代の危機意識をもとにした、そこからの再発見であり、発見のないところに伝統はないであろう。節談説教は教化の一方法であると同時に、すぐれた話芸でもあった。節談説教を口演する説教者たちは、教団発展のためにも最大の力を注いだ。命がけで全国を歩いて布教に専念し、長い歴史を通じて庶民たちから渇仰《かつごう》された。そして、旧説教は各時代を通じてさまざまな形態をもちながらも一貫してそれぞれの時代に適応した文化を創造することができた。説教と平曲・能・狂言・浄瑠璃・祭文・歌舞伎・落語・講談・浪曲などとの強い絆《きずな》がそれを立証している。今後、節談説教にかわって仏教界の何が日本の新しい文化を創造するのであろうか。

昭和四十九年に、節談説教滅亡の危機を憂え、現存する節談説教伝承者の実演を採録して大作『節談説教』(ビクターレコード)を編集製作した俳優の小沢昭一氏は、その解説書「『日本の放浪芸』始末書」に次のように述べている。

「私が説教に最も魅《ひ》かれた部分は、やはりフシでありました。節談説教を芸能的視野で見る場合、衰退しつつある浪花節や講談よりも、私には遙かに新鮮な魅力があったのですが、その魅力は、説教が今日の話芸の源流であるがゆえに、原点にもつ素朴な力を保持しているからでありましょう。(中略)節談説教の、うたうが如く、はなすが如く、ハナシがフシになりフシがいつのまにかハナシに戻るという妙味は、まさしく舌耕芸ならではのおもしろさ、と目を見はらせます」

「節談壊滅は、大衆が節談を捨てたのではなくて、明治になってからの仏教界内部の自主規制によるものでありました。近代宗教へ脱皮するための槍玉に、まず節談説教があげられた訳でありますが、節談蔑視は芸能蔑視であり、彼らは芸風であることを賤《いや》しいと思い、賤しい所業に大衆が傾斜してくるところをうしろめたく思ったに違いありません。しかしいま、そういう低俗な近代化を嗤《わら》うよりも、むしろ私としては、節談のおもしろさを、現代の芸能の中にどう取り込むかを考えた方がよさそうであります」

「いまは亡き関西浪曲界の旗頭、吉田奈良丸（大和之丞）師が、北陸の名説教僧、故範浄《のりきよ》文雄師の説教『大原問答』十席を習い覚えようとしていた途中、惜しくも他界されたというお話を伺い、説教と芸能の交流が、昭和のつい最近まであったことに一種の感銘をうけたりしたものでありました」

2　絵解き

〝絵解き〟というものは、要するに絵画を説明する行為をさすのであるが、わが国では仏教界でこれが行われた点が注目される。つまり、文字の読めない人々に仏画や地獄極楽の絵などを見せて行う視聴覚説教であった。しかし、その成立について具体的に知る資料は見当らない。古いものでは『日本霊異記』上巻第三十五話に、平群《へぐり》の山寺の練行《れんぎょう》の沙弥《しゃみ》が尼講《あまこう》を作って仏像を画き、その中に六道《ろくどう》（地獄・餓鬼・畜生・修羅・人間・天上）を図して寺に置き、時々東西に示したという記事がある。これはおそらく中国の俗講変文《ぞくこうへんもん》の絵解きと同じように絵解きをしたものであろうと思われるが、立証する資料はない。中古においても『日本高僧伝要文抄』巻二の中の「尊意贈僧正伝」貞観《じょうがん》十八年（八七六）七月十五日の記事に地獄絵のことが見える。鴨河《かもがわ》の東吉田寺の後壁に地獄絵があり、その中に造罪の人が苦しむ姿を描いていたのである。ここでも絵解きを想像することができる。また、源信が『往生要集』を絵画に示し、地獄極楽の有様を画工に描かせて紫宸殿《ししんでん》に奉納したことや、みずから「山越弥陀」「二十五菩薩来迎図」などを描いたことも、おそらくは説明を要するもので、絵解きが行われたものと思われる。『今昔物語集』巻三十一第四「絵師巨勢広高《こせのひろたか》出家還俗語」には、巨勢広高が京都東山長楽寺の壁板に地獄絵を描いたという話が出ている。また、平安時代の女流歌人や西行法師などが地獄絵のことを詠《よ》んだ歌も残されている。大阪・四天王寺や法隆寺の『聖徳太子絵伝』は古いものであり、ここにおける絵解きも多くの研究者によって想像されているが、その方法を具体的に確実に立証する資料はない。

中世における絵解きの中で最も注目されるものは、大和・当麻《たいま》寺の『浄土変観経曼荼羅《じょうどへんかんぎょうまんだら》』（『当麻曼荼羅』・模写本多数）を講説するという高度な絵解きである。俗に「まんだら絵解き」といわれ、主として浄土宗の寺を中心にして全国で盛行した。この絵解きは、仏教界の視聴覚説教の中でも特異なもので、『観無量寿経』の主旨を絵で説くのみならず、中将姫《ちゅうじょうひめ》の伝説を織りこんで近世にも大いに発展し、文学や芸能に強い影響を与えた。中将姫については、項を改めて述べることにする。

そもそも当麻曼荼羅《たいままんだら》というものは、天平宝字七年（七六三）六月に、中将姫法如尼《ほうにょ》の志願に感応して、阿弥陀如来の化身である化尼《けに》と観世音菩薩の化身である化女《けにょ》とが、百駄《だ》の蓮の茎から糸を取って織りあらわしたものであると伝承されている。この曼荼羅は『観無量寿経』の所説を描いたもので、中国の善導（六一三〜六八一）が著わした『観経疏《かんぎょうのしょ》』の分科に準拠したものである。それを指摘したものは、法然門下の善慧房《ぜんねぼう》証空（一一七七〜一二四七）であった。この観経曼荼羅一軸を掲げて、幾多の説教教化者は、『観無量寿経』の真髄を説いたのである。

この「まんだら絵解き」については、古い資料が残されている。浄土宗西山《せいざん》派の祖・善慧房証空の門下・道観証慧《どうかんしょうえ》の「まんだら絵解き」に関する記事が、平経高の日記『平戸記』寛元三年（一二四五）正月二十六日の条に見えている。ここには「以道観上人啓白、其次令解当麻曼荼羅」とあり、道観が当麻曼荼羅の図を掲げて終夜にわたって説教したことが記されている。この時の「まんだら絵解き」は、今の午後四時ごろから夕刻に及び、さらに念仏して終夜にわたったのである。この道観という僧は『本朝高僧伝』に名を連ねるほどの名僧でもあったが、弘長二年（一二六二）十月二十日に後嵯峨《ごさが》上皇の勅命によって『曼陀羅縁起』一巻を撰述したことが注目される。

「まんだら絵解き」に関する別の古い資料では、『花園院天皇宸記』に、花園上皇が導空本道という僧の「まんだら絵解き」(当麻曼荼羅講説)を聴聞された記事が見える。すなわち元応元年(一三一九)九月二十日の条に「本道聖人可説曼荼羅之間自今夜参也」とあるところから熱心な曼荼羅講説の聴聞がはじまるのである。そして九月二十一日の条に「廿一辛卯晴申剋許本道聖人参説浄土曼荼羅一時余演説」とあり、二十七日まで連日曼荼羅講説聴聞のことが記されている。これは明らかに二十一日から一週間にわたって毎日、当麻曼荼羅の講説があり、花園上皇は開白《かいびやく》から結願《けちがん》まで聴聞されたのである。これは皇族貴紳に対して「まんだら絵解き」が行われた確かな証拠である。

この絵解き説教は各地で行われていたものと思われる。『花園院天皇宸記』の正中二年(一三二五)十月六日の条には「有当麻曼荼羅讃歎事」とあり、同月九日の条にも「曼荼羅讃歎」とある。ここでは頓恵という絵解き説教の宗匠が登場する。現存する資料では、中世においては「まんだら絵解き」の対象は皇族や貴族が多いが、中世の末期になると説教所(談義所)でも行われ、庶民性が次第に濃厚となっていった。

当麻曼荼羅(浄土変観経曼荼羅)の注釈書(絵解きのテキスト)は、善慧房証空撰『当麻曼荼羅注』十巻(撰者に異説あり)、明秀光雲《みようしゆうこううん》(一四〇三〜一四八七)の『当麻曼陀羅註記明秀鈔聞書』(仮題)十巻、酉誉聖聡《ゆうよしようそう》(一三六六〜一四四〇)の『当麻曼陀羅疏』、良定袋中《りようじようたいちゆう》(一五五二〜一六三九)の『当曼《とうまん》白記《びやつき》』十二巻など、浄土宗系の僧たちの手によって多数著わされ、それらをテキストとして創意を加えた絵解きが近代にまで及び、昭和十年代までは、全国各地で行われていた。

絵解きには、実にさまざまな内容や方法がある。右に述べた『当麻曼荼羅』のほか『法華経曼荼羅』『往生要集・地獄御絵伝』『六道図絵』『十王経絵図』などのように経典や仏教説話によるものや、『釈迦八相図』『仏涅槃図《ぶつねはんず》』のような釈尊の伝記を説くものもある。『聖徳太子絵伝』『弘法大師絵巻』『法然上人絵伝』『親鸞聖人伝絵《でんね》』『一遍上人絵伝』『融通念仏縁起』『蓮如上人絵伝』などのように祖師や高僧の伝記を説くものもある。また『道成寺縁起』『熊野曼荼羅図』『那智参詣曼荼羅図』『立山曼荼羅』『善光寺如来絵伝』などの寺社縁起もある。『檀林皇后九相図』『小野小町九相図』『苅萱道心《かるかや》』『小栗判官《おぐりはんがん》』のごとき伝説・物語ふうのものもあるが、これらも説教教化の一手段として行われたものである。その他、下関市・赤間神宮の有名な『安徳天皇御縁起絵図』、三木市・法界寺の『三木合戦図』、愛知県の知多・野間大坊の『源義朝公御最期』や『京都六波羅合戦』(平治戦乱絵図)のごとき英雄譚も絵解きされる。これらも宗教的色彩の濃いものである。

日本の絵解きの歴史の中で、最も多くの人々に親しまれ、敬慕されたものは、日本仏教各宗の宗祖の絵伝であろう。中でも『法然上人絵伝』『親鸞聖人御絵伝』などは際立っている。『法然上人行状絵図』は、浄土宗では『勅修御伝』あるいは『四十八巻伝』といい、大いに尊重された。この絵図は、後伏見天皇の勅命によって比叡山功徳院の舜昌《しゅんしょう》が著作したといわれる絵巻で、詞書は法然房源空伝のうちで一番詳細であるため絵解きにはふさわしいものとなっている。法然の絵伝は、『伝法絵』をはじめ弘願本・琳阿本その他、巻子本・竪幅本が多数作られ、全国各地の寺院で盛んに絵解きされた。この法然上人の絵伝は、真宗でも作られて『拾遺古徳伝』と名づけられた。これは本願寺三世覚如が、鹿島門徒の請いにこたえて正安三年（一三〇一）に作ったものである。親鸞が法然門下の正統であることを強調したものであるが、関東地方に伝播し、常陸の常福寺・無量寿寺の絵巻が特に名高い。『親鸞聖人御絵伝』は、真宗の絵解き説教として大いに活用された。そのもとになったというべきものは、覚如撰述の『本願寺聖人親鸞伝絵《ほんがんじのしょうにんしんらんでんね》』と呼ばれるもので、本願寺系寺院では格別尊重されている。この流通した「伝絵」には異本が多いが、原本は図画・本文ともに永仁三年（一二九五）十月に成立し、本文は覚如が記し、絵は親鸞に随侍して行化の事蹟を見聞した西仏房の子で、親鸞の行状を父から詳しく聞いた浄賀が描いたという伝承がある。この絵巻から詞書だけを抄出したものを『御伝鈔《ごでんしょう》』といい、絵だけを抜きだして掛幅にしたものを『御絵伝《ごえでん》』というのであるが、ここで重視したいのは『御絵伝』の絵解きである。『真宗古実伝来鈔』を見ると、すでに覚如の子の存覚（一二八八〜一三七三）の時代に伝と絵は別々に行われ、絵相拝見・伝文聴聞があったことがわかる。要するに絵解き説教が行われたのである。

日本仏教各宗の宗祖の中で、親鸞ほどさまざまな俗説が混入して広がった祖師は珍しい。絵伝においても数多くの異本が伝わっている。仏光寺の源海作といわれる『善信聖人親鸞伝絵』二巻、錦織寺の存覚作といわれる『錦織寺伝絵記』一巻などをはじめ、模本も相当数ある。しかし、図様はあまり異なっていないので絵解きする人のアドリブが加わって、高座の説教とともに親鸞の伝説は粉飾に粉飾を加えていった。真宗教団大発展の過程の中で絵解きもまた大きな役割を演じている。

絵解きの歴史の上で見のがせないのは、存覚の『浄土見聞集』だ。この書は、延文元年（南朝正平十一年〈一三五六〉）存覚六十七歳の筆であるが、『地蔵十輪経』『十王経』などを引用して冥府《めいふ》十王の恐ろしさを説き、浄土の法門を勧めた存覚自身の説教を記したものである。この書が後世の説教に大きな影響を与えたことは、貞享《じょうきょう》四年（一六八七）に刊本が出たり、注釈書が出たりしたことや絵解きが盛んに行われたことでもわかる。絵解きは『十王経』の文意を述べた部分を『冥途の旅日記』として独立させ、絵は掛軸として多数製作されて伝承された。この『冥途の旅日記』は、人間の死後の世界を活写したので庶民の大きな関心を集めた。

日本の絵解きは、宗教的なものがほとんどであり、説教教化を目的とするものが多く記録されている。中世において一種の芸能となり、「語る芸」「話す芸」としての特質をも具備した。「絵解き」という行為を実践したものは、僧侶（宗教家・布教家）と、俗人ではあるが僧形をして縁起物などの絵巻物を解説するものもあった。また、全くの俗人で絵解きをするものもあった。それらは、寺社に専属するものもあれば、掛軸や絵巻物を携行して流浪するものもあった。芸人化して楽器を用いるものもあったことが『三十二番職人歌合《うたあわせ》』から想像することができる。

林雅彦氏著『日本の絵解き―資料と研究―』の中で紹介されている古い絵解きに関する資料に、左大臣藤原頼長の日記『台記』と『天王寺旧記』がある。『台記』の康治二年（一一四三）十月二十二日の条に「本寺権上座某、持レ楚指レ画説レ之」とあるのは注目される。これは前関白忠実（頼長の父）らの一行の天王寺に参詣し、御絵堂において『聖徳太子絵伝』の絵解きを聴聞したことを記している。『台記』には、久安二年（一一四六）九月十四日、久安三年九月十四日、久安四年五月十二日、同九月二十日、久安六年九月十七日の各条に四天王寺御絵堂における絵解きの模様が記されている。これらの記事に「説絵僧」「於二申絵堂一令レ説レ絵」「令レ説レ絵奉レ見二太子影一」「御絵堂令二僧説一レ絵」などとあるのは興味深い。ここにあらわれる絵解きの僧（説絵僧）は、高位の卓越した僧であったであろう。それが時を経て『民経記』寛喜《かんぎ》元年（一二二九）十月二十五日の条になると「絵解法師」という下級の絵解き僧があらわれる。

康正元年（一四五五）に成立した一休宗純の『自戒集』中の「題華叟和尚自賛御影」に見える「指影画説鳥帚手」も絵解きの一資料としてよく知られている。室町時代の資料としては『看聞《かんもん》御記』『春日若宮拝殿方諸日記』『お湯殿の上の日記』『後法興院記』などにあらわれる「絵解」「エトキ」「ゑとき」「絵説」などが指摘される。これらは鎌倉・南北朝のころに見られた名僧による絵解きではなく、下級法師や俗人の絵解きを示している。俗人で絵解きをするものたちについては『三十二番職人歌合』の一番と十七番がよく示している。ここには千秋万歳法師と絵解きが出る。ここに登場する絵解きは、下層部に生きる芸能者であるが、彼らは庶民のこころをよくつかんでいた。説教も大衆化し、著しい変容を見せていた。特に中世の浄土教興隆以降は、中古までの表白体の説教では民衆は満足しなくなっていたのである。絵解き説教は、そのような社会状況の中で大きな役割を演じた。

通俗化した絵解きの中に女性があらわれるのも注意したいところだ。女性の絵解き者は「絵解き比丘尼《びくに》」と呼ばれた。これは俗称であって、本来は「歌比丘尼」「熊野比丘尼」「勧進比丘尼」と呼ばれた。これについては前に詳しく述べた通りである。中世以来の仏教界の視聴覚説教であった絵解きが民間芸能となり、「のぞきからくり」「うつし絵」「幻燈」から「紙芝居」「活動写真」（無声映画）の弁士へと変化発展する一つの系譜は、日本芸能史の中でも特異な過程を経たものである。大正から昭和初期にかけて、かつて絵解きを得意としていた説教者が、活動弁士に転向した例がある。無声映画時代に活弁をアルバイトにしていた説教者も多数あった。大正時代に宗祖の一代記を映画化した絵解き法師もあった。

絵解きの中には『地獄雙紙《ぞうし》』『餓鬼草紙』『十王経絵図』『九相観図』というような恐ろしいものもあった。『地獄雙紙』では、光長が描き、寂蓮が詞書を添えたと伝える二巻のものが有名だ。地獄において有情《うじよう》のものどもが苦しむ様を図にしたものを〝地獄変《じごくへん》〟または〝地獄変相〟といい、それを絵巻物にしたものを地獄雙紙または地獄絵というのである。〝変〟とは変現の義で、この場合には地獄における種々相が眼の前にあらわれるように図示することをいう。これを絵解くのは、やはり卓抜な視聴覚教育だ。無学の人が多かった前近代には、この種の道徳教育は有効であった。

地獄変の絵解きは、恐怖と戦慄《せんりつ》の芸能であった。地獄変は中国では唐の時代に広く行われていた。わが国では仏名会《ぶつみょうえ》の時に、地獄絵の屏風《びょうぶ》を立てて懺悔《さんげ》滅罪の儀が修《しゅ》せられた。それが平安時代に行われていたことは『枕草子』に「御仏名のあした地獄絵の御屏風をとりわたして宮にごらんぜさせ給ふ」とあり、『栄花物語』に「十二月の十九日になりぬれば、御仏名とて地獄絵の御屏風など云々」とあることでもわかる。源信の『往生要集』は『枕草子』より十数年前に成立しているが、この『往生要集』は江戸時代に絵入り本が作られて広く民間に流布した。これは同書の上巻から六道、地獄、極楽を抜きだして和述したもので、この本の絵が「のぞきからくり」など民間芸能や絵解きの材料に盛んに用いられた。

そもそも地獄とは、自分の作った悪業によって衆生が赴くと考えられる地下の牢獄のことで、三悪道・五趣・六道・十界の一つである。その種類は多く、諸経論に説かれているが『倶舎論《くしゃろん》』巻十一、『瑜伽師地論《ゆがしじろん》』巻四に説く八熱地獄・八寒地獄・孤独地獄がよく知られている。『増一阿含経《ぞういちあごんぎょう》』『正法念処《しょうぼうねんしょ》経』『優婆塞戒《うばそくかい》経』『地蔵菩薩本願経』などには、さまざまな地獄絵について詳しい記述がある。

地獄に次いで苦悩に満ちているところは餓鬼道である。『餓鬼草紙』には「欲食《よくじき》餓鬼」「伺《し》便《べん》餓鬼」「伺《し》嬰児《えいじ》便《べん》餓鬼」「曠野《こうや》餓鬼」「食火《じきか》炭《たん》餓鬼」「塚間住食熱灰土《ちょうかんじゅうしょくねつかいど》餓鬼」「食水《じきすい》餓鬼」「食吐《じきと》餓鬼」「疾行餓鬼」「食糞餓鬼」「海渚《かいしょ》餓鬼」などが『正法念処経』（この経に三十六種の餓鬼あり）に基づいて見事に描かれている。『餓鬼草紙』は東京国立博物館本がよく知られている。餓鬼道についても源信は『往生要集』に説いている。

「九相観図」も、絵解き説教として大いに用いられたものである。檀林《だんりん》皇后と小野小町の九相図は特に有名だ。前者では京都の東大路松原通り六道の辻の西福寺、後者は愛知県江南市《こうなんし》前飛保町《まえひぼちょう》の曼陀羅寺のものが名高い。絶世の美人といわれた高貴な女性が死に、風葬された死体は、やがて腐乱し、白骨となり、ついには土になってしまうという、はかない人間の死後の実態を哀れに描写する典型的な絵解き説教である。

この絵解きの目的は「厭離穢土《おんりえど》・欣求浄土《ごんぐじょうど》」にある。『檀林皇后九相観図』では、人間の屍相《しそう》について、①新死相、②肪脹《ぼうちょう》相、③血塗《けつと》相、④蓬乱《ほうらん》相、⑤噉食《だんじき》相、⑥青瘀《せいおう》相、⑦白骨連相、⑧骨散相、⑨古墳相の九相の変容により、なまなましく描写され、無常に思いをそらせる。『檀林皇后九相縁起』にいう「世に伝うる后《きさき》の遺命にいわく。葬儀を用いず中野に棄《す》てよ。色欲に耽る者は我が爛《らん》穢《え》を見て、少し警悟することあるなりと。崩ずるに及び、屍《しかばね》を西郊に棄つ」と。「〽はかなしや朝夕なでし黒髪もよもぎが本のちりとこそなれ」。『小野小町九相観図』も同工異曲であり、昭和十年代まで絵解きが実際に行われていた。

『十王経絵図』は、略して『十王図』といい、鎌倉時代から後に絵解きとしてよく知られるようになった。この図も一種の地獄絵である。十王図や十王像は、今でも全国各地に残されている。十王とは、冥府《めいふ》にあって罪業の軽重をこころみる判官のことである。秦広《しんこう》王、初江王、宋帝王、五官王、閻羅《えんら》（閻魔大王）、変成《へんじょう》王、太山王、平等王、都市王、五道転輪王の十王をさす。

中有《ちゅうう》の亡者は、初七日に秦広王の庁に参り、以下、次第に二七日から七七日、百ケ日、一周忌、三周忌に各王の庁を過ぎて罪の裁断を受け、これによって次の世の行方（生れる所）を定められるとする。

『十王経』は、いわゆる疑経《ぎきょう》（偽経＝仏教を広める目的で、俗信仰あるいは正統の仏教とは別種の思想や行儀などをまじえて説いた経）の一種であり、中国・朝鮮半島で行われたものと日本で行われたものとの二種類がある。中国には欧陽修が冥府十王を夢に見た伝説があり、わが国では平安末期に十王のことが伝えられたようである。すでに『古今和歌集』に死出の山や三途川《さんずのかわ》が出ているので、十王の説は相当古い時代に日本に伝わったものと思われる。中世には日蓮の『十王経讃嘆鈔』や存覚の『浄土見聞集』などがあらわれ、中陰の法事とともに庶民生活にも広く行きわたった。絵解きには、格好の好材料である。近世初期には、浅井了意が『仏説十王経直談・仏説地蔵菩薩発心因縁十王経注解』を書いている。

絵解き説教の中で、今一つ注目すべきは『善光寺如来絵伝』である。これも宗派を超えた善光寺信仰とともに全国各地に模本ができて盛んに絵解きされたものである。この絵解きの一般的なものを要約すると、おおむね次のようになる。

(1)、天竺《てんじく》にて釈迦如来、大林精舎《だいりんしょうじゃ》で説法し給う。(2)、釈迦如来、月蓋《がっかい》長者の門に至り鉢《はち》を請い給う。(3)、月蓋長者仏法を信ぜず、釈迦如来下女より米のかし水の供養を受け給う。(4)、月蓋長者の娘・如是姫重病にかかり、苦しむ。(5)、月蓋長者ついに信を発《おこ》して車に乗り、白象に車を引かせて大林精舎に釈迦如来を訪ねる。(6)、月蓋長者、釈迦如来の御前に参り、称名十念す。(7)、西方極楽浄土の教主阿弥陀如来、月蓋長者の門に来臨し給う。(8)、長者喜び、龍宮城の閻浮檀金《えんぶだごん》を取り、ふたたび阿弥陀如来を影向《ようごう》せんとす。(9)、弥陀・釈迦二尊の智慧《ちえ》光明を照らして一仏同相の新仏を鋳出。これ一光三尊の如来本仏なり。(10)、如来天寿五百歳にして百済《くだら》国王の殿中に飛来し給う。(11)、百済聖明王の時、三尊仏日本の国に渡り給う。(12)、時に欽明《きんめい》天皇十三年十月三日なり。天皇、百官群臣を召し寄せ給う。(13)、崇仏、排仏の争い生ず。大臣《おおおみ》蘇我稲目《そがのいなめ》、馬子父子は篤く仏法を信じたが、大連《おおむらじ》物部尾輿《もののべのおこし》、守屋《もりや》父子らは神道をもってこれをしりぞけ迫害す。(14)、排仏派、仏像を難波堀江に捨てる。(15)、天皇、勅使を遣わして如来像をふたたび迎え給う。(16)、聖徳太子ご誕生、(17)、聖徳太子ご誕生の翌年二月十五日、仏舎利《ぶつしゃり》を敬い給う。(18)、聖徳太子、篤く仏法を敬い給う。(19)、守屋、人夫に命じて仏像をつぶす。(20)、聖徳太子、敵に追われ、椋の木にて救われ給う。(21)、太子、毘沙《びしゃ》門天《もんてん》に祈願し給う。(22)、太子、童女より守屋降伏の矢を受けられる。(23)、太子、守屋の陣中に進み給う。(24)、太子が放ち給う御矢、守屋の胸に命中す。(25)、太子、難波堀江にて如来像を迎え給う。(26)、本田善光、難波堀江にて如来像を背負う。(27)、本田善光、如来像を信濃国に移す。(28)、善光、信濃国伊那郡麻績里《おみのさと》に至り、如来像を草堂に安置す。⑵、皇極《こうぎょく》天皇三年、如来像を信濃国水内郡芋井郷《いもいごう》に移す。⑶、御堂建立成り、善光寺いよいよ栄ゆ。

次に「のぞきからくり」について少し述べておきたい。

〽信州信濃の善光寺　屋根は八ツ棟作りにて　今は蓮花《れんげ》の花盛り　娑婆《しゃば》より落ちくる罪人は
蓮《はす》の蓮花のその上で　遙か向うを見渡せば　五色《しき》の雲にうち乗りて　二十五菩薩つきそいで
ショウシチリキや音楽で　極楽参りをいたされる……

これは「のぞきからくり」による〝地獄極楽絵解き〟の一節であり、昔は人口に膾炙《かいしゃ》したものである。

「〽最初は閻魔の御殿なり　娑婆より落ちくる亡者奴《もうじゃめ》が」ではじまる「のぞきからくり・地獄極楽」の詞章は近代人の作ではない。絵解きや説教の世界で、長い歴史を生き続けてきたものだ。節談説教、和讃、御詠歌、祭文、説経浄瑠璃など仏教芸能の中に同種のものが多くあり、それらが、それぞれのジャンルに巧みに応用されるのである。「〽六道の辻となるなれば、こっちに行けば極楽か、あっちに行けば地獄かと、迷いに迷うたその人は、三途《さんず》の川や死出の山、正途《しょうず》川《が》原《わら》にくるなれば、柳の婆《ばば》が待ち受けて、経帷子《きょうかたびら》に銭六文《ぜにろくもん》、ぬげよ渡せとはぎとられ、ぬぎゆく亡者《もうじゃ》のふびんさよ」は『十王絵図』による絵解きや説教からきている。「〽賽《さい》の河原の物語、一つや二つや三つや四つ、十《とお》にもたらぬ幼子《おさなご》が、賽の河原に集まりて、小石を拾うて塔に積む、一重積んでは母恋し、二重積んでは父恋し、恋しこいしと積む石を……」というのは『賽の河原和讃』にあるし、『賽の河原の祭文』にもある。「六道の辻」も説教には盛んに登場した。この世とあの世の境界をさす。『檀林皇后九相観図』を所蔵する京都の西福寺周辺は「六道の辻」とよばれた。ここに地蔵尊が安置されているのは、絵解きの環境としても、信仰の上でも実にふさわしい。

絵解きは一種の話芸である。日本の絵解きは長い歴史と伝統をもって近代に及んだが、古風な方法が現代まで伝えられている例は少ない。和歌山県・道成寺の『道成寺縁起』は歌舞伎舞踊における一連の〝道成寺もの〟に強い影響を与えて親しまれている。長野の往生寺や西光寺には『苅萱石《かるかやいし》童丸《どうまる》』の絵解きがある。古く高野聖によって語り伝えられた石童丸の悲話は、さまざまに脚色されて謡曲『苅萱』、説経浄瑠璃『かるかや』、浄瑠璃『苅萱桑門筑紫《かるかやどうしんつくしの》轢《いえずと》』（歌舞伎でも上演）でも知られるのだが、信濃善光寺の親子地蔵の縁起の主想に発しているところに意味がある。これが『一遍上人絵詞《えことば》伝』とも関わりがあるのは絵解きの一つの系譜を示す。昔は神奈川県藤沢市の遊行《ゆぎょう》寺にも『小栗判官照手《おぐりはんがんてるて》姫《ひめ》』の絵解きが伝わっていた。これもまた説経浄瑠璃や歌舞伎でよく知られたものである。

絵解きは、説教教化もしくは寺社繁栄のための一手段として芸能化されながら長い歴史を経て近代に及んだが、今後その伝統を維持することはむずかしくなってきている。最近では、絵解きは芸能性を喪失し、ただの絵の説明に変わりつつある。しかし、絵解きというものは、あくまでも前近代の日本人の生活構造（宗教・生活・娯楽〈芸能・遊び〉を一体としたもの）の中から生まれたものであるから、その歴史について論ずる場合には、意識の上で前近代の立場に立って、正当にその本質に迫らねばならない。

3　中将姫のこと

前近代の日本の女性の中で、中将姫《ちゅうじょうひめ》は、最もよく知られた人物の一人であったが、実在したかどうかは不明のままで今日に及んでいる。

江戸時代に中将姫を有名にしたのは、浄瑠璃や歌舞伎であり、一連の中将姫物が東西で盛んに上演され、地芝居でも親しまれ、中将姫は、いよいよ実在の人物のごとく喧伝《けんでん》された。しかし、中将姫は、もともと演劇のヒロインではなく、わが国における仏教史上の主要人物であった。そもそも中将姫は、大和・当麻《たいま》寺の蓮糸曼荼羅によって出現した信仰上の特異な女性で、特に日本浄土教史の上で重要な足跡を残している。

中将姫は、仏教史の上では「法如尼《ほうにょ》」の名で、いかにも明確に実在したかのごとく伝承されている。『仏教大辞彙』では「大和当麻寺の尼。世に中将姫と称せられる。俗姓は藤原、右大臣横佩《よこはぎの》豊《とよ》成《なり》の女《むすめ》なり云々」とあり、彼女が禁中で箏を奏して天皇から中将の名を賜わり、中将姫と称したこと、継母の殺意を逃れて紀州の雲雀山《ひばりやま》にひそみ、天平宝字《てんぴょう》六年六月に当麻寺に参り、専心念仏を修し、ついに剃髪《ていはつ》して法如と号したこと、発願《ほつがん》して称讃浄土経一千巻を書写したこと、蓮糸にて観経曼荼羅を織りあげ、宝亀六年三月十四日に入寂したことを記し、さらに念を押して「享寿詳《つまびら》かならず」とまで記されている。これは『古今著聞集』や『当麻曼荼羅縁起』によったものであるが、実際に中将姫の実在を学問的に立証することはむずかしい。

横佩《よこはぎ》の大臣が藤原豊成であるという確証は求められず、仮に豊成だとしても、果してその姫に中将姫なる人物が実在したかどうかは疑問である。伝説と史実を一致させることは技術的にむずかしい。当麻寺の中将姫蓮糸曼荼羅の話は浄土宗の布教の中に加わったため、全国的に有名になったが、中将姫という名前は当麻曼荼羅出現を伝える原初時代にはあらわれていない。鎌倉初期に撰《えら》ばれた『諸寺縁起集』では「用明天皇の皇子麻呂子親王の夫人を本願とし、天平宝字七年（七六三）六月二十三日に化人《けにん》が一夜にして蓮糸で織った変相を夫人に与えた」という説と「天平宝字八年のころにヨコハギ大納言の娘を本願とし、一夜化人が到来して曼荼羅を織った」という説とがある。すでに曼荼羅は誕生していたが、中将姫の名は出ていない。この『諸寺縁起集』に見える「ヨコハギ大納言の娘」が鎌倉中期の『当麻曼荼羅縁起絵巻』二巻（鎌倉・光明寺蔵）の基となって、後世にあまねく知られる中将姫の物語ができる。『当麻曼荼羅縁起絵巻』の物語は、のちに著しく潤色されて説教に登場し、さらに謡曲、浄瑠璃や歌舞伎にあらわれることになる。

中将姫という名は『古今著聞集』や『元亨釈書』に明記されていないが、横佩の大臣について『諸寺縁起集』に尹縁、『古今著聞集』に藤原尹胤といっているのが興味深い。正嘉元年(一二五七)の『私聚百因縁集』や『続教訓抄』(一二七〇?)、『一遍聖絵』(一二八六)に「中将内侍」「中将局《つぼね》」「中将姫」などの語が見え、善慧房証空(一一七七〜一二四七)撰といわれる『当麻曼荼羅注』にも「中将局」とあるので、中将姫の名は鎌倉から南北朝にかけてのころにすでに知られていたようである。

室町時代に入って謡曲『当麻《たいま》』(世阿弥作?)ができたが、ここでは「横佩の右大臣豊成と申し人、その御息女中将姫、この山にこもりたまひつつ」とあるので、世阿弥(一三六三〜一四四三)のころには「藤原豊成の娘中将姫」が世に用いられていたことがわかる。

中将姫が法如と号したことも知られていた。謡曲『雲雀山』では、横佩右大臣豊成は、ある人のざん言を信用し、家臣に命じて娘の中将姫を殺させようとするが、家臣は乳母侍従とともに大和と紀伊の国境の雲雀山に姫を隠してひそかに養育する。その後、父の豊成が狩に出て乳母に会うが、乳母侍従は姫君を思うあまり狂乱している。豊成は先非を悔い、乳母に導かれて姫君を訪ね、連れ帰るという筋で、謡曲『当麻』とともに興味深い。

この『雲雀山』は〝継子ものの謡曲〟の代表作として『弱法師』『竹雪』『松山鏡』などと肩を並

べる。しかし、『雲雀山』においては、継子いじめの残忍さは乏しく、むしろ主力が乳母侍従の狂乱に注がれているようにも見え、〝女物狂〟の作のように見えてしまう。これは作者の愛のあらわれであろう。ともかく、この『雲雀山』と『当麻』ができてから中将姫はますます世に知られるようになり、浄土宗の当麻曼荼羅講説（まんだら絵解き）の盛行とともに庶民の間で敬慕される一面も強く生じた。特に女性の心を引く存在となった。いずれにしても中将姫のような良家の娘が、出家して仏道に入る原因が〝無常感〟であることを説く説教には最適の素材となった。やがて中将姫は、継母にいじめぬかれるという哀切きわまりない悲話に発展する。

中将姫劇

中将姫が浄瑠璃に登場したのは元禄のころであった。まず元禄九年（一六九六）四月十四日に竹本座で初演された『当麻中将姫』がある。作者は不明であるが、創作の動機は説教による民間での中将姫の人気と知名度を知ってのことであろう。岡本文弥の語りによる『中将姫蓮曼陀羅』なども題名は説教話材そのものだ。

『鶊山姫捨松《ひばりやまひめすてまつ》』は、〝中将姫の雪責《ゆきぜめ》〟で最も有名なものである。並木宗輔《そうすけ》の傑作の一つであり、元文五年（一七三九）二月六日に豊竹座で初演されている。五段の時代物だが、なかなかの力作だ。中将姫は、江戸時代に入ると歌舞伎にも登場し、まず元禄のころに上方で『当麻中将まんだらの由来』（荒木与次兵衛座）が上演され、江戸においては宝永五年（一七〇八）三月に中村座で『中将姫京《きよう》雛《ひいな》』が、翌年七月には『中将姫雲雀山《ひばりやま》』が村山座で上演されている。上方《かみがた》でも享保五年（一七二〇）七月に『中将姫』が大阪中ノ芝居で上演された。したがって並木宗輔の『鶊山姫捨松』より前に、中将姫は演劇の上で十分に知られていたのである。謡曲においても『三社託宣』に名を出し、古浄瑠璃でも『中将姫御本地』というような作品ができたとされるのは、説教の影響のいちじるしさを示している。中将姫に関する演劇は、すべて仏教芸能であり、仏教文学でもある。

さて、『鶊山姫捨松』は、なかなか面白い。初段から仏像評議が行われる。悪僧の玄昉と右大臣横萩豊成、中将姫、姫の継母岩根御前をからませての葛藤を描く手法は注目される。文学的にはすぐれたものだ。三段目の「雲責」は、岩根御前の折檻《せっかん》の目的が姫殺害にあっても、手段として雪の中で仏像の在処《ありか》を問い詰めるところは興味深い。五段目の「当麻寺」で中将姫が曼陀羅を織るくだりにも作者の苦心のほどがよく示されている。並木宗輔は、もとは僧侶であったため、西沢一風門下となって浄瑠璃に筆を染めても、仏教的なものへの掘りさげは他の追随を許さぬ部分があった。三段目と四段目の「道行」が特に目立つ。三段目の「雪責」は、この作を代表するものであり、歌舞伎に導入されて一段と中将姫の人気は高まった。降りしきる雪の中で苦しみぬく美しい姫の官能的な姿は、歌舞伎の代表作とまでいわれたものである。

中将姫の人気は東西で高まったが、特に大阪ではよく知られた。その中将姫人気のはじまりは、寛政九年（一七九七）二月に道頓堀《どうとんぼり》東ノ芝居で『中将姫古跡松』の外題《げだい》の下に興行された時であった。この外題の方が民衆には親しまれた。

中将姫の芝居は、名古屋でも人気があり、『尾陽戯場事始《びようぎじようことはじめ》』では、享保十七年（一七三二）五月に若宮芝居で『中将姫思子宝』が上演されたことを記録している。山本万四郎、榊山《さかきやま》城四郎らの一座であった。『続尾陽戯場始志』では延享二年（一七四五）正月に大須真福寺芝居で『ひばり山姫捨松』が上演されている。

江戸においても、嘉永五年（一八五二）十一月に市村座で『鶊山姫捨松』が興行され、明治以後でも『中将姫当麻縁起』『雲雀山駒絆松樹』『雲雀山照日物語』『中将姫』などと改作物が上演されて、中将姫は長く命脈を保つことになった。

『けいせい顧本尊《みかえりほんぞん》』も傑作の部類に入る。津打治兵衛《つうつじへえ》がこれを作ったが、山村座で上演されたのは宝永四年（一七〇七）三月のことであった。五幕十場にも及ぶ時代物で、木挽《こびき》町絵草子屋三左衛門版や絵入狂言本などが伝えられているが、何よりもこの作を知るためには、京都・永観堂（禅林寺）の縁起を認識しなければならない。

この作は、完全に中将姫伝説を舞台化したものだ。大和国横剝《よこはぎ》家の〝お家騒動もの〟にしたところに特色がある。「六十六部御門永観」とか「六字変成中将姫」とか「六天魔王僧形道元」などと角書《つのがき》した仏教色の濃いものである。中将姫はもとより、永観律師や道元禅師まで登場するのは、まことに興味深い。

この狂言の題名の由来を「ふと松に懸《かか》った本尊を顧みて利益をうける」条から名づけたとするのは、本当は違うのではあるまいか。これは浄土宗西山派の本山である京都・永観堂（禅林寺＝現浄土宗西山禅林寺派総本山）にある有名な「みかえりの弥陀」に由来することが容易に察せられる。『洛東本山聖衆来迎山禅林講寺略記』には「壇上の弥陀は慈順相《ミカヘリノスガタ》を示し」とあり、『禅林寺誌』の「第七世永観律師」の項には「永保二年二月十五日、念仏行道の時、壇上の弥陀顧《ミカヘリ》名の相を感得す」とある。禅林寺を永観堂と称するのは、永観律師の中興の偉業によるのであり、この狂言と永観堂、浄土宗西山派（当麻曼荼羅〈中将姫蓮糸曼荼羅〉を最も盛んに講説した宗派）との関連に注意したいところだ。

この作品の中で、四幕目に永観律師が登場して豊成とからみ、姫の命が「みかえり」の仏に救われるくだりは、明らかに永観堂に伝わる説話からきている。この話は、よく知られていたので、作者の念頭に刻まれていたのであろう。中将姫が道元禅師に帰依したという発想は、なかなか奇抜であるが、曹洞宗の祖・道元と浄土宗西山派の祖である善慧房証空が、ともに久我家の出身であり、曹洞宗と浄土宗西山派の系統のみが、久我家の紋である笹竜胆《ささりんどう》や竜胆車《りんどうぐるま》を用いるので、混同もしくは、それを承知の上で、作者は道元をこの作に導入したのではなかろうか。

この作の五幕目に至って、中将姫が蓮の糸で観経曼荼羅を織り、霊仏を開帳して人々に拝ませるくだりは、まさに説教そのもので、この作が完全な仏教芸能（仏教文学）としての形式を保持していることを如実に示している。いうまでもなくこの作を国文学史的に見れば、継子いじめの説話の系統に縁起物の系統を加えて脚色したものであり、文学的価値が非常に高いとはいい難い。これが江戸の民衆に歓迎されたのは、演劇的価値よりも仏教的価値が魅力だったのであろう。仏教が庶民生活に浸透していた江戸時代におけるこの種の作品は、現代人の想像以上に強く受けいれられたはずである。

この作は明らかに仏教芸能である。五番続きの各小名題下に、それぞれ五戒の句が記され、中将姫が「みかえり」の功徳によって蘇生したり、三幕目において夢の中に浄土教の十界図が出現したりするのは、これが仏教の信仰（浄土教信仰）によって脚色されたものであることを明示している。ただし、作者は仏教の知識がやや乏しく、宗教劇としては次元が低くなっている。道元禅師のような高僧を登場させながら、四幕目において道元を破戒僧にしてしまう。「鳴神」をまねた脚色とはいえ、道元が姫に懸想《けそう》したり、ついには魔王になってしまうというのはいただけない。これを劇的効果を狙ったものとする見解は容認できない。これを、しいて想像するならば、江戸時代における浄土教系（浄土宗・真宗）〈浄土門＝他力易行道〉の説教師が禅宗の行き方を聖道門（自力難行道）と見て排撃する傾向もあったので、作者は浄土教系の信者もしくはその系統の教えに心を引かれていたものであったかもしれない。そうでなければ、このような仏教劇に高僧道元禅師を登場させるようなことは、まずあり得ないからである。「六天魔王僧形道元」は、あまりにもひどい発想だ。

　もっとも作者の戯曲作家としての才は、別の箇所で発揮されている。二幕目で中将姫の前夫が小間物屋になっていたり、序幕から三幕目に至って少将国信が町人六介になっていたのが出家してしまったり、三幕目で身請客が中将姫だったり、二幕目で谷底へ突き落とされた姫が白狐に助けられたりするところは、江戸の観客には歓迎されたであろう。他の歌舞伎作品にもしばしば見られるように、この作もまた説経浄瑠璃や先行歌舞伎からヒントを得たと思われる部分があるが、その導入の方法の巧みさに作者の才を見ることができる。とにかく、この作の初演の時に、二代目市川団十郎（条八郎輝虎）が出演したり、荻野八重桐（中将姫）や生島新五郎（永観律師）、山中平九郎（道元禅師）が顔をそろえたというのは実に見事なものであり、山村座における評判のほどがしのばれる。名作とはいえないにしても荒唐無《こうとうむ》稽《けい》ながら当時の民衆の生活（宗教・生活・芸能を一体とする）に適合した宗教劇を世に問うたのは作者の手腕としてかなり高く評価し得るものだ。

　中将姫をヒロインとする歌舞伎は、すでに元禄十三年（一七〇〇）三月に江戸の山村座で上演されていた。これは『うす雪中将姫』といい、薄雪と併合させたものであった。

『中将姫京雛』は、宝永五年（一七〇八）三月に江戸の中村座で上演された。中村清五郎のこの作も中将姫劇として著名である。これは「八百屋お七」を導入して併合したものであった。宝永初年のころ、上方役者の嵐喜世三郎は、中将姫役者として名を知られた。中将姫役者などといわれたのは、中将姫がきわめて有名だったことを示す。大阪の嵐座では宝永三年の春に、二の替りとして『中将姫』を上演したというが、その時の初興行の切《きり》は『八百屋お七』であったため付会した結果となった。この『中将姫京雛』(四幕十一場)〈別に三場あり〉の江戸・中村座における初演の時に、中村七三郎の命日をしのばせて「追善彼岸桜」としたのは、仏教的題材だけに実にふさわしい。

中将姫に、お七をこじつけるのは面白い。この狂言が内容の荒っぽさにくらべて意外なほどの評判を得たというのは、嵐喜世三郎の名演技と人気によるものであろうと思われる。さらに注意したいのは、中将姫劇でありながらこの作では中将姫が主要な位置を占めていないことである。その点では、中将姫の立場は『けいせい顱本尊』の方がはるかに整っていることになる。ドラマとしては『中将姫京雛』は唐橋家の騒動が重点的となり、中将姫は副次的となっている。しかし、この芝居の中で中村七三郎の法名が出て、中将姫が「これより七三郎追善」と述べるくだりにも、仏教と庶民生活の結びつきが顕著に見られる。この作の序幕に行基《ぎょうき》が登場して俗っぽい言動をみせるのも面白い。中将姫が継母のために雲雀山《ひばりやま》で殺されようとするのを八郎と春時に救われるのは二幕目の出来事であるが、ここに行基の寺と唐橋館が出て興趣を盛る。八百屋お七や吉三郎がからむのは三幕目であり、お七が実は人買いから買われた中将姫であるとするところに無理な脚色も見られる。どうもこの作の狙いは、お家騒動物の脚色というところにあるようであり、中将姫が世間によく知られていることから無理に引きだされた格好である。お七実は中将姫とか、宰相実は吉三郎という理不尽さは、江戸歌舞伎らしい強引なこじつけであるが、それがかえって興趣を誘う。この作は、中将姫の系譜の上では、姫を生かしたものとはいい難く、むしろ江戸における「お七狂言」の典拠のような形になった。

中将姫は、明治に入っても生き続け、三世河竹新七は『中将姫当麻縁起』をものしている。これは中将姫を本筋にもどしたものであるが、私は『中将姫京雛』を除いて、演劇の世界でも中将姫は信仰上の人物として常に描かれてきたものと考えている。江戸時代に中将姫が全く別の角度から進展せしめられたとする見方は皮相なものである。中将姫が文学や芸能にあらわれるについては、浄土宗系の説教、特に「当麻曼荼羅講説」という絵解きなどによって広く世に知られたところに要因がある。

中将姫の伝記は絵伝でもよく知られた。中将姫の絵伝が、昭和五十四年六月〜七月に奈良国立博物館で特別陳列されたことがある。その時に展示されたのは「中将姫像」一幅（奈良・中之坊。鎌倉後期）、「一遍上人絵伝」巻八〈当麻参籠段〉（京都・歓喜光寺。鎌倉時代）、「当麻寺縁起〔享禄本〕」三巻（奈良・当麻寺。室町時代）、「日張山縁起」一巻（奈良・青蓮寺。江戸時代）、「当麻曼荼羅縁起〔掛幅本〕」（奈良・当麻寺。鎌倉時代）、「当麻寺縁起〔寛永本〕」三巻（個人蔵。江戸時代）、「染井図」（奈良・青蓮寺。室町時代）、「中将姫曼荼羅図」一幅（奈良・誕生寺。江戸時代）、「中将姫絵伝」四幅（奈良・奥院。江戸時代）などであったが、いずれも中将姫の伝説をよく伝えたものばかりで、特に奈良・奥院蔵の「中将姫絵伝」の部分図は、剃髪して法如となる中将姫の姿が見事に描かれている。江戸時代に作られたこの種の絵伝には、当然、民間に流布した中将姫説話が多分に採用されたものであろう。当麻寺中之坊発行の『当麻寺中将姫蓮の栞《しおり》』は、明治二十九年三月に初版を出して現代まで版を重ねているが、これは旧来の中将姫の物語を蓮に因んで二十茎に分けて記した説教本であり、一読して津々《しんしん》たる興味を覚える。また『中将姫和讃』もあって中将姫の物語が哀調をもって歌われたものである。中将姫の話は、明治に及んで仏教小説にも登場した。この仏教小説というものは、明白な説教本であるが、近代社会に迎合して版元（名古屋・其中堂書店――現存せず）のキャッチフレーズが「仏教小説・読切物語」となっている。そして「連夜説教」という文字が角書《つのがき》ふうにつけられている。この「連夜説教」は、明治二十七年九月から同三十年代にかけて毎月刊行された二十四冊の説教本（国立国会図書館蔵）であり、その中に『中将姫』が入っている。やはり中将姫は、他の『小野小町』『きよ姫』『おつる』『さくら姫』などとともに説教のヒロインとして王座を占めていたのである。

この「連夜説教」の『中将姫』は、十席分の説教としてまとめたもので、第一席が姫の誕生から四歳までで「長谷寺の霊告」や狐が称讃浄土経を奉ることを述べ、第四席（姫十歳より十四歳まで）に「豊成流罪」があり、第五席（姫十四歳より十五歳まで）に「継母の奸策」と「ひばり山」がある。そして第六席（姫十六歳より十七歳）に「父子の対面」「当麻寺」「出家得度」「蓮糸まんだら」を出す。第十席（姫二十七歳より二十九歳まで）では「弥陀の霊告」と「法如大往生」があり、さらに迎講《むかえこう》のことにまで言及する。さすがに説教本だけあって説教の型を踏み、各席ごとに讃題があり、口演としてよくまとめられている。編者の桑山芳雄は冒頭に「中将姫の一代記には世間に種々な本が沢山であるが〈中略〉信用の置けるは釈致敬師の著述せられし行状記のみである」と述べ、致敬撰『中将姫行状記』によったことを明示している。この桑山芳雄の『中将姫』は、譬喩因縁談がすこぶる豊富で近世にはあまりあらわれなかった話材が挿入されているところに特色がある。

それにしても、中将姫なる人物は実在したのであろうか。このことに関しては古く猪熊兼繁氏が「当麻曼荼羅縁起考」（『史迹と美術』一三九）で考証されたことがあった。また、明石染人氏も「当麻曼荼羅の諸問題」（『史迹と美術』一七八）で試案を提出された。猪熊氏は、当麻真人治田麻呂の孫の源潔姫と藤原良房との間に生まれた明子《あきらけいこ》（文徳天皇の后となり、清和天皇を生む）が、唐よりもたらされた浄土変相図を当麻寺に施入したことに注目し、そこから中将姫の物語が生じたとする。明石氏は、右大臣藤原豊成が左遷され、難波にしばらく住していた時に娘が無常を感じて当麻寺で出家して曼荼羅への悲願を起こしたとして、縁起をよく調査して卓見を述べられたものである。いずれにしても中将姫なる人物の実体は、今に至るも不詳である。ただし、高貴な女性ということだけは、諸縁起、諸説話すべて一致している。要するに中将姫は伝説上の人物であるが、その長い生命を支えたものは浄土教信仰そのものであった。中将姫は、あくまでも信仰的実在の人物であった。

第三章　民間芸能の進展

1　念仏踊り

「念仏踊り」は「踊り念仏」ともいう。鉦《かね》や太鼓などをたたきながら踊り、信仰上の歓喜《かんぎ》踊躍《ゆやく》の様を示す。念仏や和讃などを高々と唱える。日本には、古くから悪霊を踏みしずめ、あるいはそれを追いはらう鎮花祭などの踊りがあったが、その伝統の中へ仏教が入りこんだ。

念仏踊りというものは、おおむね盂蘭《うら》盆会《ぼんえ》を中心にした夏のころに、災厄退散（厄病送り、雨乞い）や霊魂の鎮送のために行われる踊りであり、念仏を口で唱えながら踊躍《ゆやく》する。これは仏教伝来後に新しく成立したものではなくて、古くからあった神道系の〝まつり〟の行動の中に念仏の信仰が力強く参加していったものと見るのが芸能史学的には妥当であろう。

日本の歴史の中で最も早く念仏と習合した祭は、京都・紫野の今宮神社における「やすらい祭」である。この祭は、もとは豊年予祝の田遊《たあそび》であったが、念仏信仰の影響で仏教行事となった。この祭で「やすらえ花や……ナンマイダ（南無阿弥陀仏）」という念仏歌が唱えられるのに注目したい。この「やすらい祭」は鎮花法会というべきものであり、平安時代には京都を中心にして各地で行われた。「やすらえ花」というのは「花よ、せわしく散るな」という意味であるらしく、花が散るのを疫病流行の兆と見て、その悪い病気をもたらす御霊《ごりょう》（怨霊）を鎮《しず》めるために念仏歌を唱えることになったようである。この念仏歌を唱える鎮花法会から念仏狂言が生まれた。壬生《みぶ》大念仏、嵯峨《さが》大念仏、千本大念仏という卓抜な念仏狂言が今日に伝えられている。

念仏は、日本の古い芸能にいろいろな形で結びついた。特に田植えの行事との結びつきが著しい。田楽《でんがく》の所作には念仏踊りと共通するところが多く、両者の深い関連が察せられる。亡魂を供養する念仏踊りの様式は、ほぼ共通している。踊り子が堂か宿を振りだしに行列を組んで寺社にくりこみ、円陣を作って踊り、続いて村の家々や小さな祠《ほこら》や塚などをめぐり、元にもどるという形である。東北地方の新仏供養の剣舞《けんばい》（念仏剣舞）は特異な念仏踊りとしてよく知られている。

念仏踊りが、神楽や田遊・田楽と違うところは、念仏や和讃を唱え、鉦を鳴らし、万燈《まんどう》・切子燈《きりこどう》籠《ろう》を持つことであり、ここに仏教芸能としての特色がある。

古い念仏踊りの様式を今日に伝えるものとしては、岩手県花巻市の大念仏、福島県・堂島の空也《くうや》念仏、愛知県新城《しんしろ》市の大海の念仏踊り（放下《ほうか》）、長野県・秦阜の五百石祭、同県・和合の和合念仏、香川県・綾南町の滝宮念仏踊り、熊本県山鹿市の雨乞い踊りなどが有名であり、いずれも豊かな仏教民俗資料を今日に伝えている。『日本民俗芸能事典』所収の芸能の中で、〝念仏〟という名のつく芸能だけを拾ってみても、岩手県の川西念仏剣舞、田代念仏剣舞、永井大念仏剣舞、山形県の伊佐沢念仏踊り、仏向寺踊躍《ゆやく》念仏、福島県の会津念仏踊り、空也念仏踊り、白河天道念仏、須釜の花笠念仏踊り、栃木県の栃窪の天念仏、花園の天念仏、百村の百堂念仏、神奈川県の遊行寺の踊躍念仏・すすき念仏、福井県の六斎《ろくさい》念仏、山梨県の無生野の大念仏、長野県の跡部の踊り念仏、和合の念仏踊り、静岡県の遠州大念仏、愛知県の綾渡夜念仏、京都の六斎念仏、大阪の平野大念仏寺来迎会、和歌山県の六斎念仏、島根県の須佐の念仏踊り、岡山県の吉の念仏踊り、山口県の秋芳の念仏踊り、長穂念仏踊り、香川県の滝宮念仏踊り、高知県の二十日念仏、佐賀県の脇野の大念仏などがあり、日本の民俗芸能に与えた念仏の影響の大きさを認識することができる。

江戸時代には、泡斎念仏、葛西念仏、願人坊というような念仏芸能が半僧半俗の芸人たちによって全国各地に流布した。その系統のものが今日でも農村地区に残されている。関東地方の万作《まんさく》踊りは、願人坊主によって伝えられた地狂言の一つであり、神奈川県には飴屋踊りというものもある。歌舞伎の源流に出雲の阿国《おくに》の念仏踊りがあることはよく知られている。愛知県の北設楽《したら》郡・南設楽郡では昔、村の境界における横死者の塚を弔い、その霊を鎮めるために盆や虫送りの時に地狂言を催したことがあった。長野県下伊那郡で厄病を送るために三番叟《さんばそう》を舞ったり、人形芝居を演じたりしたのも、念仏踊り系統の芸能の特色を示している。愛知県北設楽郡設楽町田峰《だみね》の田峰田楽《でんがく》でも、寺で三番叟を舞う風習が今も残っている。農村地方で行われる芸能の根底に念仏が潜在している。沖縄地方でも戦国時代のころに念仏聖《ひじり》たちが念仏踊りを伝えたものか、現在でも盆踊り（石垣市登野城の精霊会《ソーロン》アンガマ）にンゾ（無蔵）念仏を唱えて踊る風習がある。

2　京都の六斎念仏

六斎念仏《ろくさい》は、多数の念仏踊りの中でも特に注目すべきものであり、京都の六斎念仏がかくべつ有名であるので、次に少し述べておく。六斎念仏は、お盆または地蔵盆を中心に、六斎日（八日・十四日・十五日・二十三日・二十九日・晦日《みそか》）に行われる。

京都の六斎念仏の起源については諸説があるが、空也堂（極楽院）系と干菜《ほしな》山光福寺系とがある。空也堂系には、平安時代に空也上人が松尾明神から鉦《かね》・太鼓を授けられて衆生済度のためにこの念仏踊りをはじめたという伝説がある。また、干菜寺（光福寺）系では、浄土宗西山《せいざん》派の祖・善慧《ぜんね》房《ぼう》証空上人より三代の法孫にあたる道空が、寛元（一二四三〜一二四六）のころに京都烏丸《からすま》の常行院に住し、伎楽の音声をもって衆生勧化のために歓喜念仏踊りをはじめたと伝えている。道空は、山城国乙訓《おとくに》郡安養谷の東善寺の住持であり、常行院を兼務したのであるが、文永二年（一二六五）に亀山天皇から「六斎念仏」の号を賜わり、東善寺を勅願所の一つに加えたと伝えられている。その後、紆《う》余《よ》曲折を経て、江戸時代には干菜山光福寺は諸国における六斎念仏の総本山といわれ、寛永十四年（一六三七）からは浄土宗鎮西派本山知恩院の支配下となった。

六斎念仏では『金光明六斎精進功徳経』の法理によって鉦鼓《しょうご》の妙音をもって衆生済度を目ざしたものであるが、江戸時代には盆踊りと結びつき、江戸時代後期には見世物的な曲芸の一種ともなった。

この六斎念仏を行うものは僧侶ではなく、在家の人たちが演ずる。曲目も近世には発願・回向歌・弥陀願唱・念仏・結願《けちがん》の純仏教的なものに能・浄瑠璃・歌舞伎から取材したものを演じ、さらに楽器（豆太鼓・笛・寄太鼓）をふやして芸域を広げた。文政四年（一八二一）五月には大阪の道頓堀の大西芝居で興行を打ったこともある。このことは『摂陽奇観』に記されている。近代に入ってからも六斎念仏の興行があったが、一般的には盆の行事としてあまねく知られている。京都の六斎念仏は今も盛んであり、梅津六斎保存会、吉祥院六斎保存会、空也念仏郡《こおり》保存会、久世《くぜ》六斎念仏会、小山郷六斎保存会、西院六斎念仏保存会、西方寺六斎念仏保存会、嵯峨野六斎念仏保存会、千本六斎会、中堂寺六斎会、壬生《みぶ》寺六斎念仏講中、桂《かつら》六斎念仏など多くの団体があり、いずれも後継者の育成につとめている。

3　壬生狂言について

「壬生《みぶ》狂言」というのは正しくは「壬生大念仏狂言」であり、囃子《はやし》の音から「ガンデンデン」というのである。四月の下旬に行われる重要な仏教芸能の行事だ。京都市中京区の壬生寺で開催される。壬生狂言は、正安二年（一三〇〇）三月に壬生寺中興の円覚上人が疫病駆除のために鎮花の法会を行い、融通念仏を修したことからはじまったといわれている。念仏の功徳を人々に説くのが目的であったと伝えられている。『実隆公記』の文明十七年（一四八五）二月二十九日の条に「壬生猿楽」と記されている

壬生狂言は無言の仮面劇である。壬生狂言に多数の人々が集まったのは、これを見ると疫病をまぬがれ、子供は疱瘡《ほうそう》が軽くすむと喧伝されたこともあったが、もともと強い念仏信仰に基づくものであることはいうまでもない。最初は、本堂の前の縁側の天井に綱を張り、猿の綱渡りを主にして演じたといわれているが、のちに仏教的な説話などを加えて脚色し、会場も狂言堂に移行したのである。

壬生狂言は、演劇として整った形を備えている。三間四方の能舞台形式の舞台に橋懸《はしがか》りがある。「飛びこみ」というようなものが橋懸りから本舞台にかかるところにあるのも壬生狂言の特色であ

る。「炮烙割り《ほうろくわ》」「桶取り」「湯立て」「棒振り」など、いろいろな型があるのも面白い。演者が頭と顔を白い布で包んだり、仮面をつけたりして、セリフを用いず身振り手振りで表出するのが珍しく、興味深い。これには、円覚上人が大念仏を多くの人々に見せ、耳の不自由な人や動物にまで平等に念仏の理を知らしめたいとの念願をもたれたためだという説明が伝えられている。

壬生狂言は、京都の芸能であるが、時に外部へ出張して上演したこともある。『虚実柳巷方言』『なには諸芸名人家玉づくし』などを見ると、壬生狂言が近世の後期に大阪で盛んに行われたことがわかる。大阪にも壬生狂言の名手がいたのである。また、江戸においても上演されたことがあり、なかなかの人気だったと伝えられている。浅草寺《せんそうじ》境内での興行は大当りであったという。

壬生狂言は、現在は壬生大念仏講の人々が熱心に保存継承に努力している。壬生狂言の演目は『宝永花洛細見図』に十一種、寛政（一七八九〜一八〇一）のころに二十四種となり、明治二十五年の番付では「餓鬼責め」「大原女」「禰宜《ねぎ》山伏」「橋弁慶」「ぬえ」「節分」「桶取り」「玉ものまえ」「棒振り」「釣狐」「湯立て」「炮烙《ほうろく》わり」「舟弁慶」「曽我」「愛宕詣《あたごまいり》」「大江山」「羅生門」「紅葉狩」「花盗人」「山ばなところ」「花折」「道成寺」「蜘蛛《くも》切り」「酒蔵」「がきすもう」などがあり、この中の「禰宜山伏」「釣狐」「酒蔵」などは今は消滅し、その代りに「大黒狩り（道念）」「蟹殿（猿蟹合戦）」「堀川御所（正尊）」「熊坂」「大仏供養」などが加わっているという。伝わった演目は約五十番あり、上演されるのは三十番くらいだということだ。その題材の多くは、能・狂言から取ったものであるが、仏教と強く結びついているところに注目したい。そこに仏教文化としての高い価値がある。壬生狂言に伝承されている古風な様式と演技は、日本演劇史の上でも重要な資料となっている。

4 踊躍念仏のこと

長野県佐久市跡部の西方寺では、三月の第二日曜日に「踊り念仏」を行う。この「踊り念仏」は、弘安二年(一二七九)に一遍上人が、信州佐久郡伴野庄に遊行《ゆぎょう》し、野沢金台寺を開基してからその遺風が継承されているという。

跡部の「踊り念仏」は、昭和になってから長く中絶されていたのであるが、昭和二十七年四月十七日に二十数年ぶりに復活されたという。この「踊り念仏」の開催にあたり、西方寺の本堂の中に方二間程度の囲《かこ》いが設けられる。いわゆる道場作りだ。囲いに塔婆《とうば》をめぐらし、四門(発心・修行・菩提・涅槃)を作る。この道場の真ん中に太鼓があり、踊り手は鉦《かね》を胸に吊り、手に持った撞木《しゅもく》で鉦を打つ。「南無阿弥陀仏」と唱えながら回る時の宗教的な感動は、真の念仏信者でなければ味わえないものだ。特に称名《しょうみょう》を打ち切って、鉦を叩き、跳《と》びはねながら踊る時の様子は、無信仰の人たちには奇異に見えるかもしれない。信仰というものは、学問的もしくはジャーナリスティックな好奇心の対象ではない。ひたすら信じなければならない。「歓喜踊躍《かんぎゆやく》」は、ひたすら信ずるところから生まれるものだ。

この跡部の「踊り念仏」には、和讃を唱える部分がある。『賽の河原和讃』を唱えるのだが、本当はこの「踊り念仏」では『来迎和讃』が唱えられていたはずである。今、『来迎和讃』がなくなったのは、二十数年間の断絶で『賽の河原和讃』だけしか残らなかったのであろうか。「歓喜踊躍」の気分には『来迎和讃』がほしいところだが、やむをえない。「讃しき」（維那《いな》。わかりやすくいうと「音頭とり」）と呼ばれる人が名号《みょうごう》（南無阿弥陀仏）を唱え、やがて婦人たちが踊りはじめると、念仏を喜ぶ素朴で純粋な精神が如実に示される。

今一つ、念仏踊りの代表的なものに神奈川県藤沢市・遊行寺（時宗《じしゅう》総本山・清浄光寺）の「すすき念仏」がある。これは、能の『遊行柳』の故事を式楽化したものともいい、『隅田川』を意識して無縁仏を供養するものだともいわれている。遊行寺の本堂の真ん中に一むらのススキがあり、そのそばに坐った導師のまわりに鉦を胸につけた念仏僧が円陣を作って左へ回る。この「すすき念仏」は、昔は陰暦八月十五日の中秋の名月に行われたとのことであるが、今は七月十四日の未明に行われているようである。遊行寺の行事としては、毎月二十三日に修せられる「踊躍《ゆやく》念仏」の方が宗教的雰囲気の点では学ぶべきものがある。この「踊躍念仏」は、山形県の仏向寺にもある。

5 盆踊り

盆踊りは、近年、仏教から離れたような形となり、単なる娯楽として櫓《やぐら》のまわりを輪になって踊るのであるが、もとは仏教の重要な行事であった。

盆踊りの形式には、行列を組んで行くものと、輪になって踊るものと二種類がある。行列踊りの方が古い形式で、村の中から選ばれた未成年者や若者たちが踊り子となり、老人が念仏歌の歌い手を担当し、切子《きりこ》燈籠《どうろう》や提灯《ちょうちん》などを先の方に立てて、踊り子が太鼓や鉦《かね》を打ち鳴らし、寺や家、神社を巡回し、宗教的な行事を行うのである。若者や少年少女が踊り子をつとめるのは、念仏踊りの対象が未完成霊であったことに関わりがあると説く民俗学者もある。

次に私が実際に訪ねた伝統的な盆踊りの一つを紹介しておく。愛知県北設楽《きたしたら》郡《ぐん》設楽町《したらちょう》田峰《だみね》に残る「念仏踊り」である。正式の名称は「田峰念仏踊り」といわれている。盆踊りは本来、仏教行事であるために、念仏踊りと同じものが多い。この田峰の盆踊りは、精霊供養を目的として行われるもので、主として新盆(新仏)の家を中心にして展開される。八月十四日に行われる。若い衆が日暮れに菅笠《すげがさ》、麻裏草履《あさうらぞうり》のいでたちで、鉦、太鼓、笛をもって十王堂の跡(今は寺の境内)へ集まってくる。全員が揃うと切子燈籠、提灯、笛、太鼓、鉦の順序で「道行拍子」をもって新盆の家に向かっていく。これは、日本の踊りの根本精神を示すものである。

田峰の盆踊りには「数え唄」「浜松」「新車」「岡崎」「四つ拍子」「トウササギ」「金輪十六」「二拍子」などの種類があり、「四辺」と呼ばれる盆念仏が荘重に唱えられる。その念仏にも幾つかの種類がある。どの念仏でも末尾で「よくよく念仏申すべし。願《がん》以《に》此《し》功《く》徳《どく》平等《びょうどう》施《せ》一切《いっさい》同《どう》発《ほつ》菩提《ぼだい》心《しん》往生《おうじょう》安楽国《あんらくこく》」と唱える。念仏だけで一時間以上もかかる。念仏が終わってから踊りがあり、「引庭踊り」が行われ、今一度念仏がある。そして最後が「とり唄」である。一区切りごとに鉦や太鼓を打ち鳴らしてはねる。鉦や太鼓をもたないものたちは、前の人の肩に左手をかけて周囲を静かに回りながら「とり唄」を歌っている。それが終わると笛の合図があり、鉦や太鼓を打ち鳴らしながら静かに行列を整えて引きあげていく。この供養がすむと次の新盆の家へ向かっていくのである（この盆踊り行事については、設楽町教育委員会発行『設楽の文化財』に詳しく記されている）。

田峰の盆踊りには、三十八種類の盆念仏と田峰観音御詠歌が残されているが、次に記す盆念仏の一部は、庶民生活に入りこんだ仏教のこころをよく示していて、まことに興趣が深い。

観音和讃

観音が観音が、前なる池に蓮《はす》植えて　蓮の蓮華《れんげ》に実《み》がなりて、舟を引き寄せ蓮とらせ　その身を後生《ごしょう》と願わるる　よくよく念仏申すべし

寺和讃

この寺はこの寺は　めいりて《（ママ）》拝めば有難や　まず山門はひはだぶき　内の御門はのしぶきで寺はこけらでふきまわし　内の御本尊おがむれば　観音勢至《かんのんせいし》のお立ちあり　御前に光りし灯明は　弥陀の光か有難や　よくよく念仏申すべし

浄土

娑婆《しゃば》にて後生《ごしょう》願う人　死して冥土《めいど》にゆく時は　道のいばらも枯れてゆく　狭きところも広くなる　山も平《たいら》になれていく　海には橋ができてゆく　天には紫雲《しうん》のたなびきて　地には黄金《こがね》の真砂あり　四方よくよく眺むれば　無量菩薩のお立ちあり　先に立ったは観音よ　後に立ったが勢至なり　右も左もみな仏　鳥のさえずる声までも　南無阿弥陀仏の六字なり

弥陀和讃

これより西の須弥山《しゅみせん》に　阿弥陀三体見え給う　これより東の富士山に　薬師如来が見え給う北の方へと向いたれば　地蔵菩薩の見え給う　死して冥土へ行く時は　みな釈迦如来に救われて　すぐに冥土にまいりつく

身延《みのぶ》和讃

東西静まり聞き給え　親は奈落《ならく》へ沈むとて　大音声でよばわれば　姫は身延《みのぶ》に参るとて　笠《かさ》帷子《かたびら》に手拭いで　ほどなく身延へ参りつき　お前の北橋うち渡り　かねのしょてう《（ママ）》へ手をかけ

て　鰐口《わにぐち》チョウチョウ打ち鳴らし　塔の蓮華をさし上げて　はちすのこうべを地につけて　親は奈落に沈むとも　わが身を助けてたべ給え　三度礼拝ふしおがみ　ほどなく身延を下向する親に不幸な姫なれば　天からがんじゃが(ママ)舞い下り　あまたの群蛇《ぐんじゃ》が集まりて　かしゃくのせめを見せにけり

賽《さい》の河原

帰命頂礼地蔵尊《きみょうちょうらいじぞうそん》　十よりうちのわがせがれ　死して苦《く》げんを受けるこそ　目もあてられぬばかりなり　つくりし罪科《つみとが》あるにこそ　地獄へとても落とされず　したるせごん(ママ)もあらばこそ娑婆《しゃば》へこそは帰られず　娑婆と冥土の境なる　賽《さい》の河原にはなされて　日に三間石の塔むすばせて　一間つんでは父のため　二間つんでは母のため　三間つんでは叔父伯母親類たちのため日のあるうちはとかくして　日だに暮るれば手を合わせ　西に向かいて父こいし　東に向かいて母こいし　こいしこいしと呼ばわれば　それを地蔵のごらんじて　わらべよ童なんじが業《ごう》が父母娑婆にあり　冥土の父母あれなるぞ　ここにたとえがあるぞ聞け　賽の河原の二本やなぎ親はなけれど子は育つ　せめて柳二本もある　われは一人で育ちゆく

六字

そもそも六字の名号は　いとくたっとくあらわかす(ママ)　午《ひる》の六時も六字なり　夜の六時も六字なり　十二か時《とき》のそのあいも　南無阿弥陀仏の六字なり　天には月も日も星も　池には土も草

木も　これも阿弥陀の三字なり　これほど尊き名号を　一度唱えぬ人はみな　おのおの舌を抜きとられ　浮ぶよしょうはさらになし

善光寺

信濃《しなの》なる信濃なる　川中島の善光寺　一度参詣したならば　地獄へとては落とされず　落とすまいとのご誓願　額《ひたい》にご判を押されける

地蔵和讃

帰命頂礼地蔵尊　釈迦はぎせ《(ママ)》に来らせられ　五脈のとがに御くめんし　ずみょうくらきに暗《やみ》に入り　ただ願わくば地蔵尊　助け給えの地蔵尊

十三仏和讃

一に不動二には釈迦　三には文珠《もんじゅ》四に普賢《ふげん》　五には地蔵六弥勒《みろく》　七観音八薬師　九には勢至《せいし》十阿弥陀　阿閦大日虚空蔵《あしゆくだいにちこくうぞう》　これほど尊き弥陀仏を　一度も唱えぬその人は　おのおの舌を抜きとられ　浮かぶ余生はさらになし

堂和讃

われらが娑婆《しゃば》にありしとき　黄金《こがね》の堂を三つ建てた　なかに建てたる堂見れば　阿弥陀如来のお立ちあり　西に建てたる堂見れば　二人の親の住家なり　東に建てたる堂見れば　われら夫婦の住家なり

無精和讃

悲しきかな人間は　この世の中へ生れ来て　夢の中をも楽しみて　暮るるとばかり鐘《かね》聞いて

わが身のくれを知らずして　娑婆のかしゃくに身をやつす　おしなべて後生《ごしよう》願わぬはかなさよ

後生願わぬその人は　死して冥土へおもむけば　無間《むけん》地獄へ落とされて　昼夜の責《せめ》をうけるなり　諸仏菩薩の名号を　かりそめながらも唱えずば　長く地獄にありぬべし　ただ一心に念仏を　申せば浮かぶと思うべし

右にあげた和讃は、すべて口承によるものであるために、ところどころ意味がわからぬ部分があるが、民衆の信仰心は、よく披瀝《ひれき》されている。人々の天地自然の恵みへの謝念は「星和讃」「花和讃」「燕和讃」というようなものに表出され、それらが仏教の深い信仰と結びついて、自然に生活の中にとけこんでいる。

この「盆念仏」は、けっして謹厳なものばかりではない。右の和讃のほかに「にし親」「七つ子」「しき親」「庭ほめ」「男妻」「女妻」「箱根山」「白鷺」「富士山」「野辺」「月に一度」「西小川」「栴《せん》檀《だん》」「庄事」「身売」「釘和讃」「八つ橋」などの盆念仏があって、なかなか面白い。これらは、すべて仏教的信仰を織りこんだもので、庶民生活への仏教の浸透ぶりを示している。

「くどき」と称する盆念仏では二十五首の和歌の末尾のところに、

今年はじめて和尚さまが　六字の衣に墨染めの　けさや衣を手にかけて　死出の山路を一人行くこそ　右衛次が申す念仏に日が暮れて　鉦《かね》を枕に撞《しゅ》を衣着に……

とある。ここに出てくる右衛次という人物は、土地の東区入屋の先祖で、享保三年（一七一八）に没したと伝えられている。田峰念仏の祖である。田峰の念仏は、この人からはじまったという。最後に「田峰観音御詠歌」が唱えられる。この田峰の盆踊りは、典型的な仏教芸能であり、田峰観音は正式の名称を大慈山高勝禅寺という。本尊は十一面観音である。

仏教行事としての「盆踊り」は、今なお全国に名残りをとどめている。青森県津軽、秋田県毛馬内・西馬音内《にしもない》、福島県会津・三春、長野県新野、岐阜県郡上《ぐじょう》・船津、静岡県徳山・平野・妻良、愛和県綾渡夜念仏・田峰・松ケ崎、徳島県牟岐、愛媛県壬生川、長崎県野母、熊本県峯の宿、大分県姫島、鹿児島県久県崎などは、すべて「盆踊り」と称している。西角井正慶編『年中行事辞典』の「盆踊り」の項には「岩手県盛岡市周辺では、盆になると村の者が組をつくって新仏の家などをめぐって、さんさ踊りをおどる習慣があり、青森県八戸地方では墓念仏といって祖先の墓に参り、次いで新仏の家をめぐりあるく。長崎県対馬地方でも盆の十四日か十五日に新仏の家々を巡回して踊り、岡山県小田郡白石島や島根県鹿足郡津和野町でも櫓《やぐら》のまわりで輪踊りをするほか、新仏の家をめぐってその門前などで踊りを踊る」と仏教行事としての盆踊りが紹介されている。

盆踊りというものは、もともと古い時代の風流《ふりゅう》から継承されたものであり、日本舞踊の源流でもある。御霊《ごりょう》信仰に発する「まつり」と盆踊りは直結している。盆踊りの原形は、仏教伝来以前の精霊の来訪という行事にすでにあったが、仏教が伝わってから盆供養の行事が意義づけられたのである。盆踊りは、新仏の供養が本来の趣旨であり、その家々をめぐって門前で踊りをするのが常識であった。その伝統が崩れたことについては、さまざまな理由がある。太平洋戦争で中止して、そのまま現在に至ったところがある。また、経費の関係で伝統行事をやめたところもある。施主（新仏の家）になると踊ってもらう人々へのもてなしに苦労する。そこで村で相談して一括して寺の庭で行うようになったところもある。しかし、太平洋戦争後、世の中が平和になるにつれて盆踊りの娯楽的な面だけは次第に強くなり、村の人たちのレクリエーションとして信仰面を抜いた踊りだけが盛んになった。遊びの踊り手だけは増加し、ついに家の門前や寺の庭では狭くなり、輪踊りだけを広場に移して行うようになってしまった。そのため、今日、都会や外国で行われている一般的な盆踊りは輪踊りだけで仏教色はなくなってしまっている。

現在、盛んに行われている盆踊りは、音頭取りの乗る櫓を中央に立てて、その周囲を人々が巡るという形式が一般的である。それでも傘のまわりを巡るという古風な方法を残しているところもある。盆踊りの振りは、もとは単純なものであったが、単なるレクリエーションになってから新しい工夫が次々と加わり、今では何種類もの踊りができている。そして、仏教色は、いよいよ払拭されていった。もっとも江戸時代から盆踊りの歌に口説歌《くどきうた》がふえ、「鈴木主水」「八百屋お七」「白井権八」「お俊伝兵衛」「阿波《あわ》の鳴戸」などの物語が長々と歌われて芸能色を濃厚にしていた。江州音頭などはその好例といえる。江州音頭については後に述べる。

6 祝福芸能における仏教

万歳

かつて万歳は、年頭に家々をめぐり、門付《かどづけ》をして祝言を述べて舞ったものである。これは上代に中国から移入された踏歌の余風かという人もある。鎌倉・室町初期には「千秋万歳《せんずまんざい》」といわれ、宮中や諸家に赴いたものである。『三十二番職人歌合』に千秋万歳師が登場する。古い時代の万歳のことは『新猿楽記』『明月記』『継塵記』『名語記』『勘中記』『古今著聞集』などに見えるが、この万歳は祝福芸能として古くから全国に広がって存在し、その土地により大和・河内・三河・尾張（知多）・島津・美濃・伊予・越前（野大坪《のおつぼ》）・加賀・会津・仙台・亀田・秋田などに点在する。それぞれ正月には烏帽子《えぼし》、大紋じたくに扇をとり、別に頭巾《ずきん》などをかぶり、さまざまなしたくに裁着《たつつけ》などをはき、袋を背負った才蔵を連れて持ち場を回る。

佐藤久治氏の『秋田万歳』に御門万歳の詞章が載っている。これを寸見するだけでも万歳と仏教の深い関係を知ることができるのである。

鶴は千年　亀は万年　君も栄えておはします　御殿造りの結構は　明天に安楽国　御禁の廻りを切り立てて　始めて仏法弘《ひろ》め給ふ　幾千万歳と申せば　弥勒《みろく》の出世　釈迦の遺経《ゆいきょう》　弥陀の弘願《ぐがん》より　立て始り候へば　峰の真砂《まさご》は谷に下り　谷の真砂は峰に上る　大磐石《だいばんじゃく》は岩となりて岩は苔《こけ》むす　はへ生へて　西東北南　ゆらりしゃらりと　万民も今日祝はれ給ふ　北は金剛夜《こんごうや》叉《しゃ》　丑寅《うしとら》は多聞天《たもんてん》　未申《ひつじさる》は増長天《ぞうじょうてん》　戌亥《いぬい》広目天《こうもくてん》と　華厳《けごん》に　阿含《あごん》に　方等般若大般若《ほうどうはんにゃだいはんにゃ》　法華《ほっけ》に涅槃《ねはん》に　並に御陣さては浄土の三部の御経《おきょう》　一切御経は七千余巻に　天台は六十巻　倶舎《くしゃ》の御経は三十巻　分する御経は二十四巻に　抑《そ》も法華経と申せば一部八巻　二十八万　用字の文字疏釈《しょしゃく》　集巻に至るまで　仁王経に薬師の経文……

右の一文は、庶民生活に浸透した仏教の姿を実によく示している。

『越前萬歳考』を見ると、野大坪万歳の「柱づくし」が紹介されている。この詞章には神と仏があらわれるが、仏教色が濃厚である。つまり野大坪万歳には「五本の柱と申するは　五智の如来の受取りじゃ　五智の如来と申するは　それ人間が吾《わ》が躰に　五仏五躰《たい》を造られて　耳は弥勒《みろく》の目は普《ふ》賢《げん》　鼻は文殊《もんじゅ》と記されて　出《い》でいる息は阿吽《あうん》とも」「腹なる臍緒《ほぞのお》と申するは　臍は薬師瑠璃《るり》の壺」「六本の柱と申するは　六仏地蔵の受取りじゃ　六仏地蔵と申するは　六躰仏と拝まれし」「十本の柱と申するは　十羅刹《らせつ》の受取りじゃ　十羅刹と申するは　十の蓮華をもぐ時は　西や東や北南　隅

々かけて八方の　天地合して十方の　十方浄土を表される　十一本の柱と申するは　十一面観世音の受取りじゃ　十二本の柱と申するは　薬師如来の受取りじゃ　薬師如来と申するは　薬師の御木が十二なり」などとあり、崇仏の思いが十分にこめられているのである。

三河万歳の発生に関する伝説にも仏教が介在している。大江定基が三河に赴任した時に、仏法東漸《とうぜん》の歌を作って正月に歌い舞わせたのがはじまりであるとか、無住国師が貧民救済のために仏教に関する歌を正月に歌わせたのが三河万歳・大和万歳になったとか、三河・西尾の実相寺に住していた応通禅師が建治（一二七五〜一二七八）のころに宋から帰り、難民のために門付け歌を考えたのがはじまりであるとかいう、いろいろな説が伝わっている。

さて、仏教と万歳の関係を最も深く示しているのは、尾張万歳だ。禅僧の無住一円（一二二六〜一三一二）は、日本仏教史上では無住国師と尊称されている。無住が八宗兼学の識徳高き聖僧であり、広大な視野をもって仏教教理を説き、『沙石集《しやせきしゆう》』『聖財集《しようざいしゆう》』『妻鏡《つまかがみ》』『雑談集《ぞうたんしゆう》』を書きのこしたことはよく知られている。無住は、弘長三年（一二六三）三十八歳の時に、尾張の長母寺（現名古屋市東区矢田町）へ来てここに住み、約五十年を過して正和元年（一三一二）十月十日に八十七歳で入寂した。

尾張万歳が、無住の説教に発するという伝説は、相当古い時代から尾張地方には伝わっていた。『木賀崎長母寺開山無住国師略縁起』（長母寺蔵）には、

　また有助といへる者二子あり。兄を有政といひ、弟を徳若と名付く。父子ともに庭の掃除な

んどをして世を渡りけり。弟徳若に法華経の文字にて正月の寿を授けられたり。これを万歳楽といふ。これ万歳の始なり。

と記されている。これによると、無住が寺男の徳若のために『法華経』から取材した万歳台本を作って与えたことになる。この『縁起』は、ずっと前から伝わっていた寺伝をまとめて作られたものであるから、それなりの根拠があって興味深い。

有助とその子の有政・徳若の兄弟が、無住から万歳台本を授かったという話は江戸時代に伝えられていた。『尾張名所図会』（天保十五年〔一八四四・弘化元年〕）には「人皇八十九代亀山院の御宇同国山田郡木ケ崎長母寺の開山無住国師のおはせし時、其寺領《そのじりょう》たりし味鋺《あじま》村に有助といへる者、その身貧しければ年の初めは家々に来たり、福が来るの宝が湧くのと歌ひ舞ひなどして物を乞ひあるきぬ。国師これをあはれみて、本朝に仏法の弘まりし事なんどをまじへて寿ぎ歌うべしとて、自ら頌歌を作り与へらる」とあり、有助が無住から頌歌を授かったことになっている。『尾張志』（天保十四年）の知多郡・人物には、遊行者の陰陽師・院内の動向にも少し触れた記事が見える。この中には『尾陽雑記』を引いて、味鋺にいた一人の男に「無住おしょう」が「仏法のはじめをめでたく作りて」教えたことが述べられている。近世中期の天野信景著『塩尻』には「正月万歳として、すおうえぼし姿にて祝詞をとなへはべるは、尾州春日井郡守山村地の内、木賀崎長母寺禅僧に開山無住といふ人、その詞を作りて同国愛知郡院内村の民に教へしとかや。その詞は屋舎造営の事なり。その故にや朝廷正月五日、東庭の千寿万歳は新始のついでにこれをもよほす事流例なり」とあり、無住が印内村（院内村）の民に教えたと伝えている。陰陽師・印内といわれる宗教的遊芸人が三河や尾張にはびこっていて、無住がそれらと関係があったことも『尾張志』や『塩尻』の記事でわかる。尾張万歳が唱門師・院内などと呼ばれる芸能者の系を引くものであることは、まず間違いないと思われる。また、その人たちのために無住が説教台本を与えたことも察しがつく。『西春日井郡誌』にも長母寺の名僧道暁（無住）が万歳を作って二人の男に教えた記事がある。

尾張万歳が、仏教芸能としての役割を果たしたことは、独特の服装で「五万歳」と称する演出の分類を今日に伝えていることでもわかる。五万歳は「法華経」「六条」「神力」「地割」「御城」の五種類であり、対象者の宗派や家柄に応じて演じわけるのが特色であり、特に「法華経万歳」は、無住の原作を今日に伝えているといわれる。山崎美成著『民間事令』（文政五年）には「この唱歌、無住法師作にて、尾張国知多郡より出る万歳のうたふところなり。このうたすべて五章あり、これは第一章にて、おもふにこれのみ無住の自作なるべし」とあり、無住作と伝える万歳詞が「法華経」だけで、他の四つは江戸時代に後人が付加したものであろうとしている。『天保十年御万歳下書』に五万歳の歌詞が記されている。これは口伝によって伝わっていたものを筆録したものであるため、誤りが目につくが、『法華経万歳』をそのまま抄出する。

家門目出たく宝の君の　御殿作りの結構には　名安国土の法華の巻にとりては　有空中論十五時に　昔　明帝の御時に　摩《ま》騰竺法爛《とうじくほうらん》とや　人々これをしんだらりう　来世の浄土のほとりには　百番訳して　始めて仏法広めける　玄奘《げんじょう》三蔵法師には　天竺《てんじく》へとわたらせて　大般若《だいはんにゃ》の千巻の　経羅什《きょうらじゅう》や竺法巨匠等が　波風静めんそのために　四百巻は龍宮浄土へと納めおく　残りの六百巻は　我朝へと越させける　この経は国々へ広めける　泰国へは一千巻　西たら国へは三千巻　小路子ない国へは四千巻　大場国へは七十二巻　日本は我朝かしこくなればとて華厳《けごん》に阿含《あごん》　方等《ほうどう》　般若《はんにゃ》　所々の浄土へ三部の経　薬師の御経が十二巻　天台御経が六十巻すべて法華経二十八部に七千余巻の御経を　弘誓《ぐぜい》の船に積込んで　しんとろりと竿でさす　十ぶんしづみが櫓綱《ろづな》をとり　けんろうちしんが梶《かじ》をとり　八華《け》の太夫がみなはをとく　百波の海を千歳楽や　万歳や漕いでのぼり候ける　安穏の海に待たるゝ港　宝の御経の船がつく　ちゃんと着いてよろこんだり　これぞ法華経八の巻にぞましまする　有四緊羅《きんら》王　妙緊羅王　法緊羅王　大法緊羅王　百千のけんぞくたち　天くだらせたまひける　木をきる山はどれなれば檀特山《だんとくさん》と須弥《しゅみ》山羅什《せんらじゅう》が仙　ふもとまでわけ入候ひける　それで二千人の番匠達　尺杖《しゃくじょう》ついて杉の木の　平皮さきさき立入候ひける　切りとる木の名は何と何　神代杉の木さわらひば　持ってやおいては千歳丈に万歳丈に　宝の君の南面には　百二百間の小屋をさし　その小屋の内にては　大番匠が三百三十三人と　小の番匠が三百三十三人と　合せて六百六十六人の　大工小

工が参り候へば　大番匠が墨矩持って　もくろみなんぞ出しければ　小の番匠が受取って　のみを持っては波羅僧《はらそう》と　つちを持っては羯諦《ぎやあてい》と　打った手斧《ちょうの》の御音には　悪ま外道《げどう》を除けたる手斧　二番の手斧の御音には　衆魔降伏《ごうぶく》せしめし手斧　三の手斧がおさめの手斧　ちょんごに打ってよろこんだり　一夜一夜面々に　万本ばかりの柱をば　おっとり建てゝ合わすれば　千人持ちの大黒柱　めのうの石の御上に　やっとこさあとあげてよろこんだり　梁《はり》なんぞ丁度に押しはめて　えつる縄にとりては、般若《はんにゃ》の巻の御ひもと　法華の巻の御ひもと　左縄にもきりきりと　右縄にもそよそよと　かけて飾りて候ひける　苅萱《かるかや》なんぞにとりては　千田が原の苅萱に　万田が原の苅萱と　所の鎮守が萱根を切りて　よいとこあげて候ひける　不動の剣を針として　三味の綱を縫縄に　地蔵菩薩がつっ立って　内より外へ出す針は　火難《かなん》除《よ》けなる御真《ごしん》言《ごん》　ナーマクサーマンダ　バーザラダンカン　納めの針もしめ針も　おもしろくも候ひける
葺手《ふきて》の仏は誰と誰　五百の番匠しゃかむにだぶつ　東来大士に善無畏《ぜんむい》と　薬王薬師に御けんぞく　日光月光《がっこう》十二ぜん　あしゅら　かしら　きんなら　南海補陀落《ふだらく》世界　浄土世界こく蔵ぼさつが集まりなされ　一と葺《ふ》いておさへかけては是大神呪《ぜーだいじんしゅう》　二めと葺いておさへかけては是大明《ぜーだいみよう》呪《しゅう》　三は葺いておさへかけては是无上呪《ぜーむーじょうしゅう》　四と葺いておさへかけては是无等々呪《ぜーむーとうとうしゅう》　五六と葺いてやおもしろく　上を向いてはどんさらり　下を向いてはどんさらり　葺いてのぼせ候へば　棟《むね》をばすなほに瓦《かわら》ふき　瓦なんぞにとりては　伊予の国では伊予瓦　さぬきの国ではさぬ瓦

河内の国ではこうたる瓦　三災小路の鬼瓦　女瓦男瓦あうんと伏せて飾り候ひける　海を向いても二千歳　山を向いても二千歳　里を向いても二千歳　六千歳も経ったとて　朝日かざせば久やかに悪ま外道《げどう》は立ち去りて　富や宝が入りこみて　さてこそこの御家は　栄え喜び候ひける　弥勒《みろく》十年辰《たつ》の年　諸人が葺いたる家なれば　雨がふっても雨もれなく　風が吹けば宝風火をたたいても火難なく　つたがはへても十万年　万年栄えて万歳楽　万歳楽がはやすればさてこそこのお家は　千代も栄えてめでたけれ

右の詞章は、祝福芸能として万歳営業上のために後人が改竄《かいざん》したものであることは一目瞭然であるが、『般若心経』を巧みに導入し、仏教語を駆使しながら『法華経』の趣旨をとった文藻《ぶんそう》に、無住が作った時の原型をしのぶことができる。岡田弘氏は『尾張万歳たずねたずねて』に右の詞と、さらに別の詞をも紹介しておられるが、いずれも口伝によって伝えられたものを筆録したものである。そのために異流異本によって歌詞の相違がみられる。「地割」や「御城」の詞章にも説教性がみられる。

次に「六条」について述べる。「六条」とは本願寺のことであり、本願寺の門徒に対して行う説教万歳である。

ありがたくも　親らん上人《(ママ)》さまのゆらいを　くはしく尋ね奉る　本国は大和の国　御誕生は日野の里にて　春日様よりも　二十七代目範宴《はんねん》少納言　十公麿《まつまろ》の君と申し奉る　御年九歳の春のころ　比叡の山へお登りありて　天台の学問なされたよ　二十九歳と申するには　都へ下向おはします　都は下京やよ　六条六角堂　救世菩さつに御祈誓かけ　百日籠《こも》らせ奉る　今日六十日目の夜明けのころ　お教にまかして都は東山　法然上人様への御指図には　かたじけなくも観音勢至《せいし》の御指図なれば　衆生済度のお人のために　七千余巻のその中に　中にも尊き御経ある　大乗教や小乗教　三部の経は阿弥陀経　津々浦々に至るまで　門徒が広まる繁盛する　六条あたりに御堂が建ち　屋根の瓦も日に輝きて　庭の真砂《まさご》もあきらかに　水叩きか六万九千と　三百八十四ケ所ある　法華の文字の数とは　誠にめでたう候ひける　とびらの数が百八枚内陣飾りを見申せば、畳の数が千三百九十四　毛抜け合せにしきしめける　しやこや砂金の絵巻柱　九十六本立ちならび　蜀江錦の水引きに　錦にまさる絵天井　五色《しき》の蓮台めのうのたるき　あやの御堂は結構にして　香の煙に曇ぞ晴れてはれやかなるよ　西には鐘楼東に太鼓　堂には鈴なる音がする　三更の時も合図すれば　いよいよ表御門に裏御門　御成門に本門とて南は阿弥陀の浄土なれ　北には法然上人さまの　あまたのおでしが集まりて　日には三度のおつとめあり　お聴聞する人は　心のかすみうちはれて　極楽の極楽の　弥陀の浄土へ花ふりかかりて　門徒の春につきにけりこれは、真宗の説教を基にして、巧みに本願寺の建立をうたっている。壮大で美しい本願寺をたたえて門徒衆をよろこばせようという趣向で、説教の見事な芸能化といえよう。これによっても万歳が、特異な仏教芸能として、いかに庶民に迎えられたかがよくわかるのである。

小沢昭一氏編『日本の放浪芸』（ビクターレコード）の中に、横手の秋田万歳が収められている。その解説書で小沢氏は「二人の言葉のデュエットが楽しい。太夫が詞を唱える間に才蔵が、いわゆる〝づくし〟をアドリブのようにはさんで行き、ところどころで合流する間尺が実にいい、すばらしい現業者だ。芸人としての腕も一級と見た」と述べている。この秋田万歳の太夫は、難しい仏教語を楽々と流暢《りゅうちょう》にこなす。一級の腕をもつ人たちが活躍した万歳が、門付けだけでなく、興行をして成功したのも注目したい。この万歳の道化の部分が掛合いの「漫才」になり、〝しゃべくり〟という特異な話芸になったのは面白い。

興行万歳は、すでに江戸時代に行われていた。仏教的な匂いがするのは、正徳元年（一七一一）の『好色入子枕』に「当世のはやり物、正法寺の日親上人もよい場所にゐられて、生玉のもどり足、万歳、彦八についやしたるあまり銭を十二灯に包み」とあることで、ここには落語史上に名高い米沢彦八が登場する。『摂陽奇観』には、大阪の生玉社について「天明中には名代の祭文、小坊主の万歳も止まり」とあるので、生玉神社の境内で祭文や僧形のものの万歳があったようである。「万歳」

から「漫才」への歴史の中に必ずあらわれる人物に玉子家円辰という人があるが、彼は明治末期から大正初期にかけて大阪で「名古屋万歳」という看板を掲げて活躍した。この玉子家円辰の「名古屋万歳」は尾張万歳と深い関わりをもっている。

大阪の吉本興業が「万歳」を「漫才」と書き改めて発表したのは、昭和八年正月のことであり、昭和九年四月には東京の新橋演舞場ではじめて「特選漫才大会」という看板が出た。「しゃべくり漫才」は一種の話芸であるが、楽器を用いるようになってから次第に話芸性が薄れてしまった。漫才の歴史は浅いのであるが、万歳までさかのぼって考えれば、その歴史はずいぶん古いものである。万歳は一見、仏教と関わりがないように見えるが、実際には右に述べてきたように仏教芸能としての成立・発展の過程をもっているのである。

第四章　仏教と語り芸

1　琵琶芸能と仏教

琵琶《びわ》を伴奏とする語りの芸能が、仏教と深い関わりをもっていることはいうまでもない。琵琶歌は一種の仏教芸能である。「盲僧琵琶」とか「琵琶法師」とかいう呼称だけでも仏教芸能であることは歴然としている。

日本における琵琶歌の起源が、盲僧琵琶に発していることは諸書に述べられているが、特に盲僧に限られたものでもなく、晴眼者もあったと思われる。日本の琵琶は、雅楽、平曲、近世琵琶楽のように類別されているが、『藝能辞典』の田辺尚雄氏の解説によれば、日本の琵琶歌は「琵琶を伴奏として地神経を謡い、土荒神の法を修するもので、古代印度に起こり（仏教伝説では釈尊にはじまるとしている）、中国を経て九州地方に伝えられた。その年代は不明であるが、奈良朝ごろと推測される。爾来、福岡を中心として九州北部に伝わり（これを筑前盲僧という）、平安朝初期にその一部が京都に伝わり、比叡山の志野尾に本山を置いたが、鎌倉時代の初め、その一部が島津家によって薩摩に移され（これを薩摩盲僧という）、また鎌倉時代の中ごろに藤原行長及び盲僧生仏《しょうぶつ》らによって平家琵琶が作られた」としている。

平曲

平家琵琶のことを平曲ともいう。平曲は、法然上人の唱える浄土教が広まっていく鎌倉初期の後鳥羽院のころに、東国生まれの生仏《しょうぶつ》が『平家物語』を語ったのが始祖であると伝えている。しかし、その経緯についての正確な資料は乏しい。

生仏から城正、城一を経た平曲の伝承系譜は、鎌倉末期に城玄が出現して後世への道が開かれた。城玄系の座は、中院家（後には久我家）が支配したが、同じころに座外に如一、真一、覚一らがあり、南北朝のころに入ってその流れが覚一検校《けんぎょう》によって大成されたのである。この流れは「一」という名前をつけたので「一方流《いちかたりゅう》」と呼ばれて継承された。一方流は『平家物語』に「灌頂巻」を立て、詞章を練りあげ、曲節にも工夫を加えたため、平曲はすぐれた芸能となっていった。旧来の城玄を祖とする流れは「八坂流」と呼ばれたが、「城」という名前をつけたところから「城方流《じょうかたりゅう》」ともいった。

こうして平曲は二流に分かれたが、非常な繁栄を続けた。覚一検校は、平曲の価値を高めただけでなく、当道座を結成し、自治や諸法の制定をはかった。そのために中院家から久我家に移った支配権は次第に弱まっていった。覚一が没した(一三七一)のちに、平曲はいよいよ発展し、十五世紀に入って全盛期を迎えた。一方流に名人が続出し、妙観派、師堂派、源照派、戸島方の四派が生じ、八坂流にも妙聞派、大山方の二派が生じたのである。この六派は明治四年に当道座(盲官制度)が廃止されるまで重要視されていた。

平曲は、鎌倉時代末期には高貴な人の前で演奏することもあったが、室町時代に入ると貴人はいうまでもなく、武家や庶民の間でも愛好されるようになり、座敷や寺社の境内などでも盛んに興行された。ところが、室町末期に平曲家が勝手に詞章を動かす傾向があらわれた。近世に入るころに、師堂派の山中久一がその傾向が強かったために、同門の高山丹一(誕一)がきびしくこれを批判した。そのために師堂派の中で対立が生じ、やがて山中久一の弟子の波多野孝一が波多野流を創始した。これは八坂流の流れを汲む長原某の平曲を加味したものといわれている。また、少し遅れて高山丹一の弟子の前田九一が前田流を創始した。これは茶人の織田有楽斎に愛されて、風雅な語りを特徴としたものと伝えられている。

こうして江戸時代には、波多野流と前田流が並立することになったが、妙観派など師堂派以外の派は波多野流に属していたようである。一方流は、四派の系統を残したままで波多野流と前田流に分かれたのである。一方流が二流に分かれてからは、前田流の方が隆盛であった。

江戸時代の中ごろにあらわれた荻野知一《おぎのちいち》は、広島の猿楽町の出身であり、鍼医《はりい》を業としたが、宝暦三年（一七五三）二十三歳の時に京都へのぼり、前田流の寺尾勾当《こうとう》に師事した。しかし、寺尾勾当が早く他界したために波多野流の河瀬検校に師事し、大秘事をつとめた。この荻野知一は名人といわれ、前田流存亡の危機を救い、さらに衰退しつつあった波多野流平曲の危機を救ったのである。

荻野知一は、縁あって明和八年（一七七一）四十一歳の時に尾張名古屋へ招かれて、ついに名古屋へ転住することになった。そして、五年の歳月を費やして平曲の詞章や譜の乱れを正し、安永五年（一七七六）に『平家正節《まぶし》』の大著を完成した。この功績は実に大きいものがある。荻野知一は、すでに京都在住の明和二年、三十五歳の時に検校に昇格していたのであるが、名古屋移住後の譜本の完成は、彼の名を不滅のものとした。平曲が名古屋に伝わったことはよく知られているが、昭和の時代まで平曲の伝統を伝えた名古屋の故井野川幸次、故三品正保、土居崎正富の三検校は荻野直流の平曲であり、演奏の時は僧形となる。仏教芸能としての平曲の伝統は昭和の時代まで継承されたのである。現在、故三品正保検校の門下から出た今井勉勾当が若手の平曲演奏家として活躍している。

平曲には、今一つ晴眼者の系統がある。茶人の山田宗徧が平曲を好んだことは史上に名高いが、彼が晩年、江戸に移住してからは、門弟の岡村玄川に譜本の吟味を行わせている。玄川は、元文二年（一七三七）に『平家吟譜』を完成した。その系譜は、三島自寛、川村良硯から津軽藩の楠美則徳

―楠美則級―楠美太素―館山漸之進と伝承し、昭和の時代に仙台の館山甲午―館山宣昭に及んでいる。

平曲は、江戸時代に綿々と続いたが、明治四年に当道座が廃止されてから急激に衰退してしまったが、これを仏教芸能として見る場合には、一段と高い価値をもつ。

もともと平曲の曲節・曲調というものは、天台声明《しょうみょう》から多くを採用してできあがったものである。むろん声明だけではなく、神楽、催馬楽《さいばら》、朗詠、今様《いまよう》などの曲節も入っているのであろうが、声明系が最も濃いようである。謡曲に似たところもある。口説《くどき》は、琵琶による口説撥《くどきばち》が奏せられ、クドキの詞章が口説曲調で語られる。詞章につく抑揚が文字の右に墨譜《はかせ》で示される。平曲の曲調は、白声《しらごえ》・口説《くどき》・拾《ひろい》（勇壮）・折声（悲愴）・指声《さしごえ》（流麗）・初重（低音階）・中音（中音階）・三重《さんじゅう》（高音階）・歌（上歌・下歌・曲歌）・強声《こうのこえ》・呂《りょ》・峯声《みねごえ》・読物《よみもの》などに分かれ、さまざまな調子をもっている。それでも義太夫節ほど複雑ではなく、簡素でわかりやすい「語り物」としての調子をもっているため、多くの人々に迎えられたのである。京都のことばで語るという伝承があるのは興味深い。白声は京都語のアクセントで語られる曲節であり、旋律をもっていないので「語り句」といっている。口説《くどき》でも京都語のアクセントを基にしている。平曲には、平物《ひらもの》に対して読物《よみもの》・揃物《そろえもの》・灌頂《かんじょう》・小秘事・大秘事という秘曲や秘事があった。習得の順序としては、平物―秘曲―大小秘事の順であった。一人の琵琶法師が、琵琶をみずから演奏しながら語るのが平曲の普通の語り様式であるが、二人で語る

ことも ある。現在でも検校が僧形をするところに仏教と平曲の長い歴史上の関わりを見ることができる。

荒神琵琶

荒神《こうじん》というのは、仏教では教法並びに伽藍《がらん》の守護神のことである。また、竈《かまど》の神として厨房《ちゅうぼう》の中にまつられる。その中に三宝《さんぼう》荒神・小島《おしま》荒神・如来荒神・麁乱《うらん》荒神・忿怒《ふんぬ》荒神・夜叉《やしゃ》荒神などがあるが、これらの名称は日本でつけられ、作られたもののようである。荒神琵琶は家のカマドの荒神の荒御霊《あらみたま》を鎮めて、その家や人々の無事息災を祈るために行うもので、琵琶を奏でてお経を読む。『般若心経』を琵琶で読誦すると快調のペースとなる。

九州に長く伝承された荒神琵琶は、福岡市高宮の成就院が本拠地であり、成就院玄清部という。別に宮崎県日南市の常楽院を本寺とする常楽院部というのもある。昭和の時代まで荒神琵琶を継承した人たちは、天台宗成就院の玄清部に所属して「玄清法流」を伝え、法橋を称した。いずれも土用行《ぎょう》、地鎮祭、水神あげ、金神方除け、屋堅め、火あげなどの宗教行事を実践する。三隅治雄氏が『口承文藝研究』第一号に詳しく報告されたことであるが、土用行というのは、四季それぞれの土用に民家を歴訪してカマドの前、座敷の床の間などに洗米や線香を供えて、荒神地神の荒御魂を鎮め、訪問先の息災繁盛を祈る。そこで経文・和讃・釈文《しゃくもん》を唱える。これは、どの琵琶法師もすべて行う。一軒での所要時間は約二十分であり、儀礼次第は、まず入堂礼拝し、懺悔文《さんげもん》・勧請文《かんじょうもん》を読む。続いて『仏説大荒神秘密神呪経』を訓読し、『般若心経』を真読し、『仏説大荒神施与《せよ》福徳円満陀羅《だら》尼《に》経』を訓読する。その次に「カマドの本地」という釈文を読みあげる。続いて和讃（荒神和讃・堅牢地神和讃）を唱え、回向文《えこうもん》を読みあげ、荒神真言を誦し、三礼下堂するのである。これを一日に何軒も行うのであるが、この土用行は、祭文を誦して諸国を歴訪した山伏行に似たところがある。それが昭和の時代にまで続いてきたのは珍しい。釈文の中に『涅槃《ねはん》経』などの物語が入っているのは芸能的で興味深いものがある。この釈文のくだりで軍談《くずれ》を読むことがあったというのは、仏教芸能の歴史を知る上で見逃せないことである。盲僧琵琶の行為は、いわば通俗的な唱導であり、一種の教化活動であった。

肥後琵琶

小沢昭一氏編『日本の放浪芸』に肥後琵琶が紹介されたことがある。肥後琵琶というのは、琵琶を用いた浄瑠璃であり、特異な仏教芸能というべきである。

薩摩琵琶や筑前琵琶が歌謡性をもっているのに対して、この肥後琵琶は、説経浄瑠璃と同じように長篇の語り物である。『菊池くづれ』『牡丹長者物語』（『玉代姫一代記』）などという演目が伝えられてきた。

田辺尚雄氏の『肥後琵琶調査報告書』に「伝説によれば延宝二年（一六七四）京都の平家琵琶家舟橋検校が、熊本の細川家に召されてきたが、この検校は古浄瑠璃をもよくしたので、それを熊本の盲僧に教えたのが肥後琵琶の始まりで、その後、肥後盲僧たちは、京都の久我大納言から職格を与えられ、都名《いちな》を許されたという」とある。この肥後琵琶の盲僧たちは、すべて天台宗の流れを汲んでいたが、俗化の一途をたどって、次第に教化性を喪失していったようである。しかし、変容したとはいえ、仏教芸能の伝統を昭和の時代にまで伝えたことは確かである。熊本県八代郡日奈久の琵琶法師は、明らかに僧形をなし、文字通りの「法師」であった。

琵琶法師というものは、江戸時代にすでに存在意義は薄れていた。浄瑠璃や歌舞伎の繁盛がそうさせたものと思われる。そのために琵琶法師は、平家琵琶から離れて箏曲《そうきょく》に入り、中には按摩術に転じた流れ（杉山流）もあった。それでも近代に入っても箏曲を教える老検校の中で、まだ平家琵琶を語ることができる人が残存していたのである。

ここで「検校《けんぎょう》」について少し触れておきたいと思う。検校とは、もともとは「点検勘校」ということであり、「検挍」と書くこともあった。寺社にあって一山《いっさん》のことを監督する僧職であった。『四分律』の巻五十八に「応《まさ》に修多羅毘尼《しゅたらびに》を尋究《じんぐう》し法律を検校すべし」とある。『僧侶宮位志』には「此職は一山の上首にして衆僧を検校すると云ふ意なり」という。日本の寺で検校職を置いていたのは、金剛峯寺、金峰山、東大寺、楞厳院《りょうごんいん》、宝幢院《ほうどう》、無動寺、御影堂《みえいどう》、平等院などであった。『文徳実録《もんとくじつろく》』に真如が斉衡《さいこう》二年（八五五）に修理東大寺大仏司検校になったことが見え、『二中歴』には「楞厳院検校慈恵大僧正」とある。高野山には『高野山検校帳』というものがあり、『初例抄』には石清水《いわしみず》八幡宮の検校のことが見える。中世以後、全国各地の神宮寺に修理検校が置かれ、石清水のほかには熊野、春日、大原、日吉、鹿島、祇園、筥崎《はこざき》、北野、鶴岡などに検校が存在した。室町時代に「建業」と書かれたものも「検校」のことである。そして盲僧にも権検校・正検校・総検校などの検校職が置かれるようになり、やがて本来の「検校」の意味が転化され、琵琶法師が検校と称するようになった。「勾当《こうとう》」というのも僧官の名であり、別当に所属して、もっぱら寺内の諸事をつかさどったものである。「勾当」の次の職を「専当」といった。このように仏教界の官職名が芸能界に入ったのは興味深いが、これも仏教と日本文化史の強いかかわりを示している。

2　祭文から浪花節へ

祭　文

祭文《さいもん》とは、祈願・祝呪・讃歎の心を神や仏にたてまつる詞章のことである。はじめは陰陽道系の呪詞だったようであり、神道・仏教・儒教のいずれでも用いた。

神道系の祭文で有名なものは「宮咩奠祭文《みやのめまつりのさいもん》」であり、今一つ名高いのは太秦《うずまさ》広隆寺牛祭祭文である。ともに平安時代のものといわれ、後者は特に源信僧都《そうず》の作という伝説がある。神道の祭文は、祝詞《のりと》式の護詞《いはひ》であったものが、平安時代の中期以後に信仰とあまり関係がないような興味本位の「宮咩奠祭文」ができ、広隆寺のものがあらわれた。これは猿楽や狂言が芸能として大成したり、神事や仏事が俗化するのでその流れとともに芸能化したものと思われる。

この祭文俗化の担い手は山伏であった。山伏の中には、真の修験道に生きず、苦行を捨てて娯楽本位のもじり祭文だけを行って暮らすものもあった。祭文は声明《しょうみょう》で唱えられたので曲調は本当は謹厳なものなのに、それをあえて俗化させて娯楽的なそそり節となり、やがて歌祭文になってしまったのである。

『人倫訓蒙図彙』七に、

祭文　此《この》山伏の所作祭文とていふを聞けば、神道かと思へば仏道、とかく其《その》本拠さだかならず、伊勢両宮の末社に四十末社百二十末社などといふ事更になき事にて、此の事神道問答抄といふものに記せり。多く誤あれども知らぬが浮世なり。それさへあるを江戸祭文といふは白声にして力見を第一として歌浄瑠璃のせずといふ事なし。かゝる事を錫杖《しやくじやう》にのせるはさても悲し、勿体《もつたい》なしとある。これにより、祭文が元禄のころに完全に大道芸となり、白声（しゃがれ声）で口演されていたことがよくわかる。ここでいう祭文とは「歌祭文」の省略であり、以後、江戸時代を通じて歌祭文を略して祭文と呼んだ。「祭文語り」と称する山伏の格好をした芸人が、江戸時代には盛んに門付けをして各地を回った。祭文はこうして山伏の手にわたったために、錫杖または金杖（錫杖の頭部だけのもの）を打ち振り、法螺貝《ほらがい》を口にした。

延宝四年（一六七六）に出た『淋敷座之慰』の中に「当世流行祭文」「吉原太夫祭文」「野郎祭文」が収められている。これらは、いずれも祭文のはじめに「抑《そも》はらひ清《きよん》めたてまつる」「抑勧請下《そもかんじょうお》ろしたてまつる」とあり、末尾に「その身《み》は息災延命諸願成就皆令満足《そくさいえんめいしょがんじょうじゅかいりょうまんぞく》敬《うやま》って白《もう》す」などとある。そして、中間に遊女や女郎の名前をあげている。このような通俗的なものでありながらも形式は祝《のり》詞《と》や説経表白《せっきょうひょうびゃく》の型を踏んでいることが注目される。

歌祭文で著名なものには『賽《さい》の河原の祭文』『五輪砕五体図祭文』『懐胎十月胎内さがし』などがある。

『賽の河原の祭文』には、

上祓《はら》ひ引きよんめ奉るノホヽ下に四大の天王なり　地下こゝに哀《あわれ》を止《とど》めしは　娑婆と冥途の境なる　賽の河原で止めたり　一ツや二ツや三ツや四ツ　十ヲより内のナみどり児が　広き河原に集りて　楓《かえで》のやうなる手をひろげ　いさごを寄せては塚とつく　小石を拾ひ塔と積む　一重

積んでは父のため　二重積んでは母のため……と敬って申す　祓《はら》ひ清め奉るノホヽ……祟《たた》りを
なすとも御祈念と敬って申す

という型がある。

元禄時代には、祭文の中に世俗の恋愛心中事件などのニュース種まで挿入されたため「色祭文」とか「心中祭文」といわれたのである。『八百屋お七』『お染久松』『おさん茂兵衛』『小三金五郎』『お初徳兵衛』『お千代半兵衛』『お夏清十郎』『おしゅん伝兵衛』を八祭文というが、これは非常な勢いで流行し、近松門左衛門の作品をはじめとする世話浄瑠璃に大きく影響した。この八祭文でも、やはり形式は祭文の旧型を踏まえていたのである。

すなわち、

敬って申し奉るヨホ　是ぞ引今年の初心中引　所は都の東堀　聞いて鬼門の角屋敷　瓦橋とや油屋の　一人娘におそめとて　心も花の色ざかり　年は二八の細眉にカヽリ内の子飼の久松がオクリ忍び〳〵に寝油と引親達夢にもしら絞……

という形式である。これによっても宗教と娯楽が一体となった前近代の日本人の生活構造がよくわかる。

『摂陽奇観』二十九に、

歌祭文の事　生玉の境内賑はしかりし頃は、ここに名代の歌祭文とて葭簀《よしず》囲《がこ》ひのうちに床を設

け、一人は錫杖をふり一人は三絃を鳴らして祭文を語る。中にも名人と聞えしは香具十次郎、
難波清治郎、山本八重郎。

とある。大阪の生玉神社境内における歌祭文はよく知られたものである。右の記事により、祭文に三味線が入ったり、名人が存在したことなどがよくわかる。

祭文語りの中には、女性の名人もあった。「女歌祭文」とか「女祭文」という呼称があった。大岡春卜の『半百人一句』や天保のころに出た『物識天句』(大坂の部)に「女祭文」「女うた祭文」と記されている。また、歌祭文の歌詞が瓦版《かわらばん》として大道で売られたこともあった。祭文語りは、全国各地を歩き回ったので至るところにその足跡が残されている。歌祭文が最も流行したのは享保(一七一六〜一七三五)のころであった。『色竹歌祭文揃』『歌祭文鼓弓丸』『今様《かわり》歌祭文秘曲丸』などの祭文集は享保年間に刊行されている。

祭文が、もともと仏教芸能としての要素を多分にもっていたことは、『五輪砕五体図祭文』のごとく四肢五体は仏菩薩のつくるところと説く密教の考え方によったものや、『賽の河原の祭文』のごとく『法華経』方便品に発して室町時代の小説『富士の人穴草子』や説教者の説教によって普及した仏教説話が多く入っていることと、御詠歌や和讃と同系の色彩をもっていることでも首肯できる。

祭文の節《ふし》まわしは、声明から出た日本の芸能独特のもので、発声法は白声・力見声《りきみ》・へばり声といわれる、いわゆる「しわがれ声」(嗄れ声)である。これは日本の説教・謡曲・浄瑠璃・祭文・浪

曲などに共通している。マイクのない時代には、この発声法が有効だったのである。

祭文というものは、宗教から出たものであるから、本来は民衆教化の立場をもっていたのだが、江戸時代には芸能化しすぎて教化（唱導）的な祭文と、芸能としての祭文（歌祭）とが区別しにくくなる。ただし、これは近代の人たちに区別がつかないだけで、宗教・生活・娯楽を一体としていた前近代の社会構造の中では、きわめて自然のなりゆきであった。歌祭文は、近世後期には小屋興行も行い、寄席演芸の一つともなって評判をとったものである。

江州音頭

滋賀県八日市市を中心として近畿地区で有名な江州音頭《ごうしゅうおんど》が祭文の系を引くもので、仏教芸能の範《はん》疇《ちゅう》に入るものであることを知っている人は、今では少なくなってしまった。

江州音頭は「でろれん祭文」（貝祭文）から派生したものである。「でろれん祭文」というのは、歌祭文から出た門付《かどづ》け芸の一つであり、後に述べる「ちょんがれ・ちょぼくれ」「浮かれ節」と同じ系統のものである。ちょぼくれを木魚を使って急テンポに語ると阿呆陀羅経《あほだら》になる。「でろれん祭文」の「でろれん、デロレン」は、祭文語りが手錫杖《てしゃくじょう》の環《わ》を取り去った金杖《きんじょう》を使用し、法螺貝《ほらがい》を口にあてて「でろれん、デロレン」と口三味線《くちじゃみせん》を合いの手に用いたことから出たものである。江州音頭にあらわれる「デロレン、デレレン、デレレン、レンレンレンレン」はここから来ている。この祭文を「貝祭文」ともいうのは法螺貝を用いるからである。大阪では、明治のはじめごろまで貝祭文の寄席があった。

江州音頭は、江戸時代後期に起こった。文政十二年（一八二九）ごろに近江国神崎郡神田村の西沢寅吉（初代桜川大龍《だいりよう》）が、八日市市場へやって来た武蔵出身の山伏姿の祭文語り（桜川雛山《ひなざん》）から貝祭文を習い、これを音頭に仕立てたのが「江州八日市祭文音頭」であり、ここから今日の江州音頭が起こったのである。そのころに桜川大龍に協力したのが奥村久（文か？）左衛門、真鍮家《しんちゆうや》好文であったが、桜川と真鍮家を名のる人は、現在まで継承されている。

江州音頭は、屋台音頭と座敷音頭に分かれている。屋台音頭は盆踊りでよく知られる。すなわち音頭棚という櫓《やぐら》を組んで、音頭取りはその上に登り、金杖を鳴らし、法螺貝を吹いて威勢よく音頭を取る。これは明らかに祭文系の芸能である。

江州音頭は、近代に入ってから著しい発展ぶりを見せた。昭和初年には江州音頭の新作運動が起こった。当時、滋賀県庁の職員までが新作を発表するほど力が入ったという。江州音頭は、明治三十年代に大阪・千日前の寄席で人気を得た。そのころのことが雑誌『上方《かみがた》』第十号に見えている。これは『大阪朝日新聞』に連載されたもので「千日前総まくり」という一文である。これは明治三十四年七月の千日前のルポルタージュだ。すなわち「音頭取りの真打《しんう》ちは鶴賀鶴年といひ、田舎回りの新内語りなり。外に若年、梅年（以上三人とも女）、桜川歌松（男）以下数名あって交る〴〵登場している。（略）鶴年、若年は江州膳所《ぜぜ》の者で、毎年農家の作間を見て、近畿諸国の在所〳〵を二三日間興行して回る内、東成郡殿村（天王寺の先）にて昨年五月中、江州四日市音頭（四日市は八日市の誤り―関山注）の仮色を使い、村の娘子を集めて踊らせたるが、人気に適《かな》ひ、頻《しき》りに評判してゐたのを井筒席の取締石田栄助が小耳に挟み、早速一座を組織して昨年六月二十三日より井筒にかけたところ、不思議に大入りを占め、遂に同年九月三十日まで打ち通したれば、追々《おいおい》他席にも類似のものが出来、今年も亦五月十七日より開場するに及びたり」とある。この記事により、江州音頭が新内語りの手によって人気を得はじめたことがわかるのであるが、客筋は都会人よりも大阪近在の農村地区の若者が多かったようである。

同誌は、さらに次のように述べている。「語りもの は 五右衛門釜入、鈴木主水、阿波の鳴門、先代萩御殿、石童丸、鈴ケ森の権八などを得意とし、其他修羅もあまたあり、其《その》変り目毎に謎解き、名古屋万歳などを交へ、手に手を代へて客の歓心を買はんと勤むるやうである。音頭取りはいつも二人宛《ずつ》登場して、一人が唄へば他の者は法螺祭文の如く錫杖を振り、貝を吹き、其文句の切れ目毎には、ソリヤ、ヨイトヤマカドッコイサノセといふ踊子の囃子《はやし》を入れて拍子を取り、どんな凄じい修羅場でも、又しめっぽい愁嘆場でも、ヨイトヤマカ一点張りで踊りのめすとは、随分変った代物といふべし」と。

ここでは、祭文の系を引く江州音頭の特色がよく説明されている。

江州祭文には一定の型がある。これは貝祭文本来の型を踏襲したものである。「デロレン、デロレン」という発声で「一の貝（胴ごえ）」「二の貝（中甲《かん》）」「三の貝（甲）」の順序で声調べをおこない、表題づけの「出《だ》し」にかかる。そして演題の口演となる。いわゆる聞かせどころは「愁嘆」、次いで「たたみこみ」があり、「切り場」をもって一席が終了する。

幕末から明治維新のころにかけて、東京の筋違や秋葉原で上州左衛門（上州祭文）が葭簀《よしず》張《ば》りで興行されたものである。主演の祭文語りの隣に金杖と法螺貝で伴奏をつとめるものが坐る二人並びの形があり、まことに野性的で勇壮だったといわれる。それが早く姿を消してしまったのは、浮かれ節から浪花節と名前を変えて発展した祭文と同形の新しい芸能に人気を奪われ、そちらへの転向者が続出し、ついに貝祭文は衰退してしまったのであった。それでも山形県地方では貝祭文は残り、計見《けみ》、桜川、山口、梅ケ枝など七流の人たちが技を競い合って、山形はいうまでもなく、秋田や福島の方まで巡業したものである。しかし、次第に人気がなくなり、後継者はなくなってしまった。奈良県にも伊賀祭文の系統のものがあった。山形の計見八重山が長く貝祭文の伝統を守ってきたが、昭和五十九年九月二十二日に逝去し、山形の祭文は滅びたといってもよさそうである。復活者の出現を期待する。

こうなると江州八日市祭文（江州音頭）の存在価値がいかに高いものであるかはいうまでもない。滋賀県に残った貝祭文の真価は、屋台音頭よりも座敷音頭の方にあることを再認識し、これからは貝祭文の伝統を伝える座敷音頭の方の継承発展に力を注いでもらいたいものである。

ところで、滋賀県八日市市建部上中町二九九に住む貝祭の宗家二代目桜川雛山は、本名を加藤善也さんといい、江州音頭・江州祭文の伝承者である。彼は佛教大学通信教育部（文学部仏教学科）に学び、卒業論文に『祭文の研究—デロレン祭文と江州音頭のかかわりについて—』を提出して卒業した文学士で、江州祭文の口演者であるとともに熱心な研究家でもある。右の論文は、祭文の成立から歌祭文に発展した系譜をたどり、八日市祭文音頭の発生から江州音頭の変遷を調査し、さらに江州音頭の内容、芸態、宗教性に詳しく言及したすぐれたものであり、旧来の江州音頭についての参考文献もすべて網羅されている。なによりも桜川雛山が、廃絶していた「一の貝」「二の貝」「三の貝」を古老に学んで復活したことが注目される。今に生きる江州貝祭文の稀少価値はきわめて高い。

明治三十三年から三十四年にかけての江州音頭隆盛から、のちの漫才が出たことにも注目したい。むろん万歳から漫才への系譜は別のものであるが、江州音頭系の漫才師の出現も見逃せない。漫才師の中で桜川や桜山を名のるものがあったのは、いずれも江州音頭の系統に属していたのである。

ついでに河内音頭にも少し触れておきたい。河内音頭も盆踊りに登場する踊り口説《くどき》であり、寄席演芸の一つとして今なお人気がある。前田勇編『上方演芸辞典』によれば、現存の河内音頭は、おおむね三系統（北河内、中河内、南河内）に分かれ、北河内のは慶応三年（一八六七）に大和田村野口の歌亀が、義太夫節の文句に節をつけて歌いはじめたものといい、南河内のは明治二十六年に富田林町の人力車夫・岩井梅吉が旧来の河内音頭に江州音頭の節《ふし》を加え、江州音頭の法螺貝や錫杖を廃して大太鼓を用い、早口・流し・改良・平節など十二種類の歌い方を工夫し、「河内十人斬」を作って一躍有名となり、河内音頭の代表的な節回しのように知れわたったのである。中河内の八尾《やお》を中心とした地蔵盆踊りの〝流し〟には仏教芸能的な色彩がある。「崇禅寺の仇討」「俊徳丸」「石川五右衛門」「円照寺」「お久藤七」などの詞章の中には、仏教色がなお色濃く残っていて興味深い。

ちょんがれ

浪花節（浪曲）が、説経祭文、ちょんがれ、阿呆陀羅経、浮かれ節の系を引いて成立したものであることは、研究者たちの定まった見解である。

「ちょんがれ」が享保（一七一六〜一七三六）のころに江戸ではじまったらしいということは、明和二年（一七六五）に出た『水の往方』巻三「塵世遁法師《ちょんがれ》」（塵世遁―ちりよのがれ→ちょんがれ）の記事で推察できる。ちょんがれ・ちょぼくれが祭文の変形として出現し、やがて浪花節に至る系譜については、すでに多くの研究者の言及するところだ。むろん浪花節の成立には、さまざまな要素が入っているので一口に決めることはできない。ただ、祭文語りの中にあらわれる願人《がんにん》坊主は相当な役割を演じている。

願人坊主は、今では歌舞伎、日本舞踊、落語、講談などに登場するだけで、現実には存在しないのでわかりにくい。わずかに『守貞漫稿』（嘉永六年）の記事などからほぼその実態を窺知することができる。願人坊主は、寺社奉行の配下にあったが、もともとは京都の北の鞍馬《くらま》・大蔵院の依頼を受けた東叡山寛永寺の支配下で、僧侶の欠員のできるのを待って僧籍に入ることを願っていたものたちであったという説がある。願人というのは、本来、依頼者に代って代参・代待ち・代垢離《だいこり》などをする代願人の意味である。しかし、実際にはそのような仕事はあまりなく、毎日ごろごろしながら、いろいろなことをして江戸の庶民に親しまれたのである。ほんものの僧（宗教家）ではないのに僧形をしているところに特色がある。「判じ物」「御日和御祈禱」「和尚今日」「庚申の代待」「半田行人」「金毘羅行人」「すたすた坊主」「まかしょ」「わいわい天王」「おぼくれ坊主」「あほだら経」「住吉踊り」などはすべて願人坊主の異称である。これは願人坊主というものが、実に多種多様な行為で庶民に親しまれていたことを物語っている。

この願人坊主と祭文・ちょんがれは密接な関係をもっている。おぼくれ坊主が古い輪袈裟《わげさ》をかけ、木魚をたたき、割竹に銭をはさんで振りながら「お釈迦さんでも恋路にゃ迷ふたなあゝゝ何のかのとて御門に立たる、きまぐれ坊主のずんぼらぼの坊主も国を出るときゃぁ赤い衣に七条の袈裟かけ……」とお経を読むようにふざけて歩いた。これは説経祭文語りの影響を受けたものであり、ちょんがれや阿呆陀羅経を生みだす先駆ともなったものである。『御笑草』の「願人坊主ちょんがれ文句」の中に「その名も高い神田の橋本町の願人お寺のはきだけどころのお弟子となったら」とあるので、願人坊主が江戸の町で非常に有名だったことがわかる。彼らは僧形で宗教的行為で生活していたために仏教芸能者であったともいえる。

願人坊主が門付けの祭文を語ったことから「ちょんがれ」「ちょぼくれ」が祭文の変形として出現したことが考えられる。「ちょんがれ」と「ちょぼくれ」は同じものであり、詞章の前後に「ちょんがれ〳〵」「ちょぼくれ〳〵」の囃子《はやし》ことばがついたために「ちょんがれ節」「ちょぼくれ節」といった。「ちょんがれ」は動詞「ちょんがる」の命令形、「ちょぼくれ」も同じく「ちょぼくる」の命令形であるが、ともに急テンポ（早口）でしゃべることを意味する。愛知県（尾張の西北部）には「ちょんがらかす」ということばがあった。軽い「だます」の意で使われた。事実でないことをいって相手（主に子供）を納得させる時によく用いられたものである。要するに虚構を交えた面白いものという意味が「ちょんがれ」の呼称の中に含まれていた。

「ちょんがれ」が早口で語る祭文の一種として一般受けしていたことは『歌舞妓年代記』に、宝暦九年（一七五九）中村座春狂言「初買和田酒盛」に市川八百蔵が「女郎願立速口祭文」を演じて大当りをとったと記されていることでも察しがつく。『江戸芝居年代記』にこのことを「夫《それ》より女郎の願立祭文ちょぼくれの大当り」と書いているのも「ちょんがれ」「ちょぼくれ」がもてはやされていたことを示している。宝暦十二年（一七六二）に出た『教訓差出口』巻三に「此《この》一両年はしわがれ声で、ちょぼくれ〳〵、ちょんがれ〳〵と、抑何《そもな》ンのことやら一円知れぬ仇口たたき」とあるのは

「しわがれ声」という「ちょんがれ節」の発声の特色を教えている。山伏の祭文は白声（しわがれ声）であったが、山伏の祭文は形式としては「はらひ清めたてまつる」「敬って申す」などで起こす。ところが願人坊主の祭文は「奇妙頂礼《きみようちようらい》」ではじめるのが常であった。しかもその発声は白声（しわがれ声）であった。

浪花節の発声法は白声である。これは謡曲や義太夫節を中心とした浄瑠璃はもちろんのこと、文弥節、伊予節、出雲節、四ツ竹節、音頭、春駒、ほめら節などの節まわしや発声も考えねばならぬが、白声―引句―しわがれ声という発声と節調の系譜に、節談《ふしだん》説教―説経祭文―浪花節の発声、節調の系譜を置くことができる。

『摂陽奇観』四十七に、文政四年（一八二一）に流行した「ちょんがれ」のことが次のように記されている。

やれ〱皆さん聞いてもくれない、ちょっとちょぼくりちょんがれ節には、色里名寄せや役者づくしも古めかしいから、芝居大入りはやるぎえんで、去年ことしに、めったやたらに、はやったことばを、口から出次第、角中《かどなか》両座は町中お旦那、ごひいき評判、籠正《かごしよう》の細工は不二の牧がり、カン〱踊りはビイハウ〱、茶屋の座敷で芸子のおしもの、いやみ歌ぢゃの扇拍子の、桜見よとて浪花新町、九軒の揚屋に花をかざった、更紗《さらさ》目鏡はさてもきれいな、貝の細工や糸もこけらも、いづれ負けじと角《つの》を争う、牛の角力《すもう》に狆《ちん》のまじなひ、婆々の酒うりとはくうるさいことだにホヲヽヽヽ……

何のことかよくわからぬ部分もあるが、早口で語るとなかなか面白い。願人坊主が錫杖を打ち振り、踊りながら右の文句を早口で歌うように語る姿を想像すると実に楽しい。願人坊主の「ちょんがれ節」は「ヤレヤレ帰命頂礼どら如来、やれ〳〵皆さん聞いてもくれない、ちょっとちょぼくりちょんがれ節には……」とはじめるのが定型だったようである。十返舎一九《じっぺんしゃいっく》の『東海道中膝栗毛』に「ちょんがれ坊主」があらわれ、梅亭金鵞《ばいていきんが》の『七偏人』に「ちょぼくれちょんがれちゃらまか流」とあるのは興味深い。

阿呆陀羅経

『摂陽奇観』に、文化八年（一八一一）ごろに大阪で呑龍（呑柳とも書く）という説教坊主が「仏説阿呆陀羅経」を唱えて歩いたことが記されている。この呑龍は、難波新地に説教の定席を開いたほどの通俗説教者で、旅興行にも出た。そのことは『噺《はなし》の尻馬』巻四にも見えるし、名古屋の小寺玉晁著『見世物雑志』巻一、文政元年二月の項にも見える。

「ちょんがれ」「ちょぼくれ」と阿呆陀羅経とは厳密にいえば違うものではあるが、同系のものであることは間違いない。『皇都午睡』には阿呆陀羅経を「説教がかりとて今は節にのこりて、ちょぼくれ、ちょんがれに同じ」とある。文政十三年（一八三〇）の『嬉遊笑覧』では「チョボクレと云ふもの（中略）文句を歌ふことは少く詞のみ多し、芝居をするが如し、これを難波《なにわ》ぶしと称するは彼地《かの》より始めたるにや」と述べている。彼地とは上方（京阪）をさすのであるが「文句を歌ふことは少く詞のみ多し、芝居をするが如し」というのは、「ちょんがれ」「ちょぼくれ」の特色の一面を示している。

浪曲史上に名高い桃中軒雲右衛門や初代吉田奈良丸が説経祭文語りの子として生まれたことは、祭文から浪曲への系譜を示している。ちょんがれ節は、浮かれ節が大阪でできてからその名が後退したが、幕末の嘉永のころにはもうほとんど力がなくなったようである。浮かれ節は幕末のころ大阪で興行されているが、明治初期においても演者は錫杖を打ち振っていた。祭文の形が伝統として残っていたのである。

前田勇編『上方演芸辞典』では、阿呆陀羅経を「乞食坊主が、世態・時事などに取材した戯れ文句を七七調ないし八八調で、経文訓読にまねて仏説あほだら経……（あほだらとは、上方語で阿呆の強調語）という唄い出しで歌った俗謡」と述べ、さらに「銭数文をつないだのをY字形の小さな割竹にはさんだものを鳴らし、あるいはきわめて小さな二個の木魚を指間にはさみ、これを叩いて拍子を取り、合《あい》の手を入れながら早口に歌う。街頭で演じ、または戸毎を回って米銭を乞うた」と述べている。

小沢昭一氏が、市川福治さんから得た阿呆陀羅経の文句は、

「仏説あほだら経　恐れながらすなわちだんだん　手枕やっかい　諸芸一座のお定まり　芝居で三番叟《さんばそう》　相撲なら千鳥　祭文ならば　デレンデレンのほら貝しらべ　阿呆陀羅経という奴は誰がやっても　何年やっても　同じことかよ　はげた木魚を横ちょにかかえ　親の仇か遺恨のある身か　あっち向いちゃスカラポン　こっち向いちゃスカラポン　スカスカスカスカ　馬鹿げたお経の文句に間違いないわい」

というものであるが、これは阿呆陀羅経の特色を簡潔に示している。小沢昭一編『日本の放浪芸』(ビクターレコード)の中には「なみだ経」というものも収められている。これは阿呆陀羅経と同種のもので『阿弥陀経』のパロディーである。読経と同じ口調で読むのだが、これも仏教がいかに庶民生活の中に深く入りこんでいたかを物語っている。

昭和五十七年七月の雑誌『大法輪』に小沢昭一氏の「絶滅―阿呆陀羅経」という一文が載った。この中に豊年斎梅坊主の阿呆陀羅経で「無《な》い物尽《ものづく》し」が紹介されている。「さてもないないないないものは　日露の戦争は小さくない　日本の勇気はくじけない　新聞儲《もう》けは少くない　号外売る人数知れない　その実おアシは儲《もうか》らない　明日のもとでも取りおけない　それでも食べずにゃいられない……」というものであるが、こういう「尽《づく》し」は阿呆陀羅経の伝統的なレパートリーの一つであった。天保七年(一八三六)ごろの阿呆陀羅経に「武士《さむらい》は二本ざし、猟師は鳥さし、芸子《げいこ》は証《こけ》さし、才領は貫ざし、茶人は水さし、商人《あきんど》は物さし」という「さし尽し」があった。とにかく阿呆陀羅経は、リズミカルでユーモラスで、言語遊戯の楽しさがあり、しかも社会諷刺もきいていて面白さは抜群であった。小沢昭一氏は同稿の中で「吉野山花山阿呆陀羅経」「道楽寺阿房陀羅経」も紹介しているが、「道楽寺阿房陀羅経」（三田村玄能〈鳶魚〉著『瓦版はやり唄』所収）は、堕落した僧の生活をあばいたもので興趣横溢。次にその全文を引用しておく。

あほたらきょう引そもそも、このまた道楽和尚が、お経の文句は、さっぱりしらばけ、いっさい衆生《しゅじょう》を済度《さいど》どころか、いっこう夢中で、説法談義は、どどいつ端唄《はうた》で、ちゃらくらごまかし、ほうほけきょうの一部八巻、銭《ぜに》の相場としゃにむにこころへ、看経勤《かんきんつと》めはそっちへそこのけ、そらばかつかって、大飯《おおめし》くらって、山伏もどきで、法螺《ほら》ばか吹きたて、お布施《ふせ》がたまればのこのこ出掛けて、肉食妻帯《にくじきさいたい》、出家の身分で、けだものだなへとのめりこんだら、ぢいや豚鍋むしようにくらって、生得大酒《しょうとくたいしゅ》のお作《つくり》なされたごろ八茶碗で、ぐいぐいひっかけ、ほろ酔《よ》い機嫌で、あっちへよったり、こっちへよったり、ひとりの人が八人ばかりに見えるに、ぶつぶつ管《くだ》をまき舌、太平楽の悪《あく》たい、あげくは小間物みせをば、そこらあたりへげろりとぶちまけ、のたうちまわって、あたりのどぶへどんぶりはまって、まっくろ黒んぼ、これがまことの泥田《どろた》の坊主だ、袈裟《けさ》も衣《ころも》も、どぶどろだらけで、臭くてたまらぬ、酔いがさめれば、着物はいつしか、はいでとられて、すってん天竺《てんじく》、お釈迦《しゃか》の誕生、まるの裸《はだか》で、お寺へ帰れば、所化《しょけ》も納所《なっしょ》も、和尚の有様《ありさま》、見るよりあきれて、てんでに寄り合い、これさ、うんねん、聞いてもくれやれ、住持の乱暴、一寺のおしょくが、二升酒《にしょうざけ》くらって、三どにあげずに、四の五のぬかして、六《む》しようにあばれて、七八おいては、ひどい九めんで、女に入れあげ、十方世界の、極楽浄土へ、人を導く坊主の身分で、地獄へはまって、銅羅《どら》や鐃鈸《にょうはち》、木魚も仏器も、二束三文《にそくさんもん》、ばったりやすまし、勧化《かんげ》奉加《ほうが》と檀家《だんか》をせびって、銭金あつめて、丁半《ちょうはん》ちょぼいち、こんこんよいどう、ぜんたいおのれが、すきはんぶんから、やすめをうりかけ、ねこそげとられて、寺へもどって、業腹《ごうはら》まぎれに、小言《こごと》の八百、小僧をどやして、御本尊なる、かなぶつさまのナ、おつむりこつこつ、げんこをきめかけ、天に向って、つばきをはいたら、つばはかえって、おのれが面《つら》へと、かかる道理で、げんこはきかずに、たたいた手さきを、痛めた気味よさ、あァした身持ちじゃ、浮かんだ亡者《もうじゃ》も、化けて出るのは、今夜もしれない、こんなところに長居《ながい》をするなら、尻の毛《けっ》までも坊主にされるぞ、尻《しり》をはしょって逃げるがかんもん、どうせつぶれる当寺の身上《しんしょう》、のらくら和尚が、色ざと通りか、ばくちに出かけた、留守をつけこみ、寺の諸道具、本尊ぐるめに、いつかにからげて、本寺へ運んで、悪事のしりはり、そうした時には、なんぼのづらのづくにゅうどのでも、涙とみずばな、ぽたり〱と、一緒にたらして、さだめしめそめそ、泣くあみだぶつ、なくあみだぶつ、末世にのこす、悪ほうれんげきょう〱。

これは仏教界の恥部を暴露したものであるが、事実、このような悪徳坊主も昭和初年ごろまでは生きていた。明治以後、近代化を急ぐ日本仏教界は、旧態依然たる仏教風俗を極力退けようと努力した。その風潮の中で阿呆陀羅経も次第に追放されていったのである。

3　説経節の消長

「説経浄瑠璃」を略して「説経節」または「説経」という。ただし、本来「説経（説教）」というのは唱導のことであるので、混同しないように注意する必要がある。唱導（演説体説教）を「せっきょう」というのは『枕草子』の「説経の講師は顔よき」をはじめ、古くからなじまれた呼称である。「説教」とは、今日いうところの「法話」のことである。それを「説経浄瑠璃」（説経節）と混同もしくは誤って用いられることは要注意だ。仏教の唱導としての、仏教本来の説教（説経）並びに説教者（説教師・説経師＝布教家）と、語り物としての（芸能としての）説経（説教）・〔説経〈説教〉節＝説経〈説教〉浄瑠璃〕並びに説経者（説教者・説経〈説教〉師＝芸人）との区別をはっきりと識別しなければならない。これは身分上の差別ではなく、学問研究上の区別である。これを混同もしくは誤解して論考を進める学徒やジャーナリストが近年目立つのは注意を要する。研究者だけでなく、今では僧侶や一般の人々の中にも節談《ふしだん》説教（節付《ふしづけ》説教・節《ふし》説教）と説経節の区別がつかぬ人があるのは、ゆゆしき問題である。この問題は日本仏教史・日本文学史・日本文化史・日本史の研究の上でも留意すべきことである。

説経節（説経浄瑠璃）の成立について郡司正勝氏は「仏教の説教から唱導師が専門化され、声明からでた和讃や講式などをとりいれ、平曲の影響を受けて民衆芸能化したものが説経節である」（『藝能辞典』）といわれ、前田勇氏は「平安朝の中期に三井寺所属の説経僧が経文の俗解をしたり仏菩薩の縁起を説いたりしているうちに音曲的要素が次第に強まり、室町末期には浄瑠璃より先にすでに人形と結んだものもあり、ほとけまはしと呼ばれたという」（『上方演芸辞典』）と述べられている。ともに芸能史家としての解説であり、説教（唱導）から説経節（説経浄瑠璃）への経路を明かした正しい見解である。

「浄瑠璃」が東方浄瑠璃世界（教主は薬師瑠璃光如来）に発する仏教語であることはいうまでもない。したがって、その発生は当然、仏教芸能の色彩をもっていた。説経節の発生は、すでに鎌倉末、室町初期のころに唱導（節付説教《ふしづけ》）から脱化したものがあらわれていたようであり、それが放浪芸人となった。そして、各地に、ほんものの僧ではなく、説教僧をまねて説教を業とするものがあらわれた。民間を流浪する唱門師らの手にわたった説経（説教）は、仏教における譬喩因縁ばなしを簓《ささら》、鉦《かね》、羯鼓《かっこ》を伴奏として語り、うたっていたが、門付け《かどづ》をして歩いたために「門説経《かどぜっきょう》」と呼ばれた。

説経節には山伏の祭文と結びついて説経祭文となった系統もある。文化・文政期の寄席芸人の三笑亭可上が作った『諸芸遊参雙六《しょげいゆさんすごろく》』には「説経浄瑠璃」と書いて「さいもん」とルビのあるタイトルとその絵が載っている。説経節が三味線の伴奏を入れて洗練され、人形遣《つか》いと提携して操《あやつり》人形芝居となったのは寛永（一六二四〜一六四四）のころと思われる。説経節は、語りものではあるが、一種の歌謡でもあるので「歌説経《うたぜっきょう》」ともいわれた。尾張徳川家所蔵の『歌舞伎草子絵巻』、元禄三年板『人倫訓蒙図彙』、天和二年刊『このころ草』などに歌説経・門説経の絵が見えるが、これは本来の法談説教が民衆演芸になってしまったことを示している。この歌説経・門説経とは別に、大道芸人の中に入った説経節は、やがて小屋で人形をつかって見せる説経座となって興行するようになった。つまり説経節（説経浄瑠璃）には、歌説経・門説経の放浪芸の系統と小屋がけ興行の説経座の系統と二種類があったのである。

芸能史上における説経節について語る場合、三井寺をバックにした近松寺《ごんしょうじ》と蟬丸宮《せみまるぐう》と説経節との関連に注目したい。中世の説教（唱導）の家元的存在であった安居《あぐい》院流に対抗した三井寺派の説教は、近世に入ると全く衰退し、安居院流に吸収されてしまったかの感があるが、実際には吸収ではなく、三井寺派の説教は、三井寺に属する五別所の一つである近松寺を通じて近世には、もっぱら民間芸能となった説経節のものたちを支配するようになったのである。関清水蟬丸宮は、もとは近松寺とは関係がなかったのだが、寛永年間には完全に近松寺の支配下にあったことが関蟬丸神社の縁起でわかる（室木弥太郎著『語り物（舞・説経・古浄瑠璃）の研究』参照）。

民間芸能としての説経節には、哀調を帯びた語り口が特色となっていた。太宰春台の『独語』に「仏法の尊きことどもを詞に綴り、浮世の無常の哀に悲しき昔物語を演じ、善悪因果の報いある事どもを物語に作りて、是《これ》にふしを付《つ》けて哀なるやうに語りしなり」と記されている。この哀調を帯びた語り口は、日本人に適合していたのである。哀調は説教のフィーリングとしては効果的であった。

説経節の芸人たちは、放浪芸（民衆演芸）のほとんどすべてを担当していた。室木弥太郎氏が『語り物の研究』の中で紹介された「関清水蟬丸皇子雨夜宮御由緒配下」に見える次の分類は注目される。

説教　人形操師　歌舞伎物間似狂言尽　芸技者　十三香具師　浮世咄師　通俗講釈師
讃語　琵琶法師弁瞽女　歌念仏　歌飄　浄瑠璃語り師
勧進師　辻能狂言師　辻角力　長吏方弁木戸方　小見世物　合薬旅売
音曲道　放歌師　祭文師　白拍子　傀儡遊女　三味線方

これを見ると、江戸時代における民間説経語りのものたちが何をしていたか、その実態を窺知することができる。また、仏教と大衆芸能の強い結びつきをも知ることができる。尾張藩士・高力種《こうりきたね》信《のぶ》の『猿猴庵日記』（一七七七〜一八二六の記録）にも、この説経者（説教者）たちの動向が記されている。三井寺は説教者（説経節語りを含む）たちから上納金を受けていたが、これはどの宗派にも似たようなことがあった。真宗には僧侶まがいの説教者（在家住まいで、俗に借庵《しゃくあん》と呼んだ）が各地に存在したので、江戸時代における僧俗合わせての説教はすこぶる盛んで、法芸一如の仏教的民間行事は繁栄したのである。

説経節の興行については『駿国雑志』にある駿河《するが》国馬淵村の説経村、『尾張志』に見える尾張国小田井村の説経祭文村などが好資料として知られている。関東で知られた説経節一座の代表は、玉川派である。座頭《ざがしら》は玉川広太夫を名のっていた。現代でも浪曲など芸能界で玉川を名のる人があるのは、かつて玉川派が民衆演芸界の名門だったからである。関西では日暮《ひぐらし》派が有名であり、おおむね勢力を二分していた。そして、両派とも関清水蟬丸宮の配下に属し、ここから口伝を受けていた。

説経座は、寺院とは関係なく興行していたが、内容は仏教的なものばかりであった。説経浄瑠璃の正本は、江戸時代初頭の寛永のころから順次刊行され、「五翠《ごすい》（衰）殿《でん》」（熊野之御本地）「法蔵比丘《ほうぞうびく》」（阿弥陀之本地）「阿弥陀胸割《あみだのむねわり》」「梵天国《ぼんてんこく》」「目連尊者《もくれんそんじゃ》」「善光寺開帳」「釈迦の本地」「五大力菩薩《ごだいりきぼさつ》」「曇鸞記《どんらんき》」など本地縁起物が多く出された。多数の演目の中で「苅萱《かるかや》」「俊徳丸《しゅんとくまる》」（信徳丸）「小栗判官《おぐりはんがん》」「三荘太夫《さんしょうだゆう》」（三庄太夫・山椒太夫）「梵天国」は五説経といわれたが、享保のころには「苅萱」「三荘太夫」のほかは「愛護若《あいごのわか》」「信田妻《しのだづま》」（信太妻）「梅若」が入れかわって五説経といわれたという（荒木繁・山本吉左右編注『説経節』）。しかし、説経節は、同じことの繰返しと演技の低俗さから次第に衰退していった。説経節というものは、もともと唱導（説教）から派生したものであるからあくまでも仏徳をたたえ、その本地を説くのが目的であった。したがって脚色の範囲も限定され、すぐれた作家も出なかったのである。近松門左衛門・竹本義太夫以後の新浄瑠璃のような発展は、とうてい望めなかった。

興行としての説経節は、方法にも欠点があったようで、京阪では早く衰退してしまったが、放浪芸に入った門説経の系統の説経節は長く命脈を保ち、文化・文政・天保のころには寄席演芸として寄席にも進出した。小寺玉晁著『見世物雑志』には、説経節が寄席演芸として盛んに登場する。その系統は祭文・ちょんがれ節と合流していたので、演芸として人気を集めた。江戸において説経節を、この放浪芸の系統から祭文として進展してきたのを巧みにとらえて、寛政・享和（一七八九〜一八〇四）のころに再興したものがあった。薩摩派―若松派がその系統である。

放浪芸としての説経節には、定まった座というものはなく、寺の縁日などに積極的に出かけていって小屋掛け興行をした。そのため説経節の太夫は、寺院とは密接な関係をもつ必要があった。太夫たちは寺の法会などには賛助出演して人気を獲得した。寺の堂内で行われる説教（節談《ふしだん》説教）と境内の小屋で行われる説経節とは、技術の差は紙一重であった。古浄瑠璃の太夫でも、その興行は特定の座以外は、寺社の縁日に境内に出張していたのである（横山重・信多純一編『古浄瑠璃集』角太夫正本(一)解説）。つまり浄瑠璃というものは、もともと仏教芸能だったのだ。

古浄瑠璃・親鸞記

古浄璃瑠の中に、親鸞聖人に関するものが相当数あるので、ここで少し触れておきたい。これは、本願寺三世覚如（一二七〇〜一三五一）の『御伝鈔《ごでんしょう》』以下の親鸞の伝記・伝説をもとにした説教により、親鸞が深く庶民の中に浸透し、広く知られていたからである。さらに本願寺中興の祖・本願寺八世蓮如（一四一五〜一四九九）によって進められた説教の方式が固まり、感覚的な情念中心の節談《ふしだん》説教によって親鸞の一代記が江戸時代には一段と広まっていた。そこに浄瑠璃の興行師が着眼したのである。

親鸞に関する浄瑠璃は、出羽掾《でわのじょう》・大和少掾《やまとのしょうじょう》（播磨掾）ら有名な人々によって上演されたが、続々と刊行された親鸞に関する多数の浄瑠璃本は、説教（説経節ではない）の改作であると考えてよいであろう（横山重氏『古浄瑠璃正本集・第一』に「しんらんき」の解説があり、同じく第四には二種の正本の翻刻と解題がある。古典文庫には『親鸞文学集』があり、真鍋広済氏による五種の正本の翻刻と論文「親鸞の古浄瑠璃について」が載っている。室木弥太郎氏『語り物（舞・説経・古浄瑠璃）の研究』の中にも「親鸞記」に関する記事がある）。

古浄瑠璃の『しんらんき』六段は、寛永（一六二四〜一六四四）の中ごろに刊行され、寛文（一六六一〜一六七三）の中ごろには『御かいさんしんらん記』六段が刊行されている。寛文六年ごろには

『浄土さんたん記幷おはら問答』五段が、寛文六年十一月には『よこそねの平太郎』五段が刊行されている。延宝・天和（一六七三〜一六八四）のころには『六角堂救世菩薩』五段が、元禄のころには『救世観音利益糸取縁』六段が刊行され、享保十年（一七二五）正月に『親鸞記』六段が刊行されている。これらによって芸能界における親鸞の人気のほどがしのばれる。まさに〝法芸一如〟というものである。

『しんらんき』六段は、親鸞の誕生から始まり、九歳で慈鎮和尚に入門し、宮中へ歌の使者として参内することによってその名を知られ、六角堂に参籠して霊夢を感じ、やがて法然上人に対面し、ついに玉女姫と結婚する。念仏停止《ちょうじ》の法難で流罪となり、常陸《ひたち》の国の稲田の草庵で山伏を帰伏させる。また鹿島大明神が親鸞に謝礼することや平太郎の熊野参詣、京都へ帰ることなどが述べられている。奇瑞や伝説が加わり、荒唐無稽の面白さがあふれる。住蓮・安楽の首が念仏を唱え、口から蓮花が咲き出したり、親鸞が山伏に襲われた時には菩薩の来迎があったり、親鸞の体から金色の光が出たりする。

『浄土さんたん記幷おはら問答』は、法然のことを述べてはいるが真宗の説教であって浄土宗側のものではない。したがって親鸞が主人公となって、大原問答から念仏停止、流罪、赦免、関東下向、山伏弁円の事件、鹿島明神の帰依、川越の名号、親鸞帰洛、鏡の御影……の順で終わる。安居院《あぐい》の聖覚が著わしたと伝える『大原談義聞書鈔』にはじまる「大原問答」の説教を基にして『しんらんき』を改作したものである。

このようにして親鸞の一代記が、浄瑠璃という芸能の世界で興味本位に上演されることは、宗門当局にとっては決して嬉しいことではなかったようである。そのため、東本願寺から京都町奉行へ『御伝鈔』及び浄瑠璃本の板行停止及び浄瑠璃の上演停止の願いが出され、それが認められるという事件も起こった（大谷大学図書館蔵『粟津家文書』）。『浄土さんたん記』は井上播磨掾が上演したが、これも禁止された。この作は、寛文十一年（一六七一）五月五日に上演し、きびしく抗議され、弾圧されたので、翌日は親鸞を聖光《しょうこう》（浄土宗鎮西流の祖）につくりかえて上演し、七日に奉行所へ誓約書を提出して事件はおさまった。この年はそれより一か月前に『念仏讃談記大原問答』を上演して難波御堂から抗議された事件もあった。浄瑠璃が宗門のひんしゅくを買った理由は、興味本位ということが第一であったと思われるが、説教で最も重要視する専修《せんじゅ》念仏による安心《あんじん》を説く部分がないためでもあった。近年、前進座が『親鸞』『日蓮』『法然』『空海』を上演し、他にも演劇や映画、テレビなどで宗教劇がこころみられたが、宗教劇というものは実に難しいものである。しかし、興行成績には期待がもてるところに魅力があるようだ。

寛延二年（一七四九）に出た『華和讃新羅源氏』は一段と興味深い。この浄瑠璃は梁塵軒の作で、豊竹越前少掾の正本として出版されたものである。「新羅」とは「親鸞」のもじりである。親鸞伝を踏まえながらも思いきった脚色を施したのは、弾圧を警戒したためと思われる。内容は、おおむね次のようなものである。

月増大臣兼氏公が、六角堂救世菩薩の夢のお告げによって法然上人の弟子の新羅丸を婿に迎えたいと望む。法然上人の許可があり、姫もよろこんだが、姫に恋情を寄せていた法然門下の中から異議が出て、結局、婿はクジ引きで決めることになる。そして、クジが新羅丸にあたり、めでたく新羅丸と姫は結婚し、子が生まれることになる。その慶事を耳にした重丸・万千代・朝倉の三人は、かねがね恨みを抱いていたので新羅丸を殺そうと企てる。ところが、それを知った清田丸が新羅丸への友情から新羅丸をかばい、右の三人を殺し、自分も重傷を負って死ぬ。公儀の取り調べがあって、新羅丸は舟岡山で処刑されようとするが、そこへ法然上人が許文《ゆるしぶみ》を持ってくる。新羅丸は出家して阿弥陀坊と名のり、越中の国三島の里に移り住み、一向念仏を説く。そのために加持祈禱がはやらなくなった山伏たちが三島の庵室へおしかけて阿弥陀坊を殺害しようとするが、山伏らが持つ太刀が折れてしまい、お仏壇の名号が蛇の形になって山伏を襲う。こうして山伏たちは阿弥陀坊聖人の弟子となる。その後、聖人は、貪欲で念仏を信じようとしない老夫婦が「念仏で救われるくらいなら焼栗も芽を出すだろう」といったことを耳にして、焼栗を庭に埋めて家を出た。すると芽が出たので老夫婦は驚いて聖人のあとを追ったが、追いつくことができず、川をへだてて名号を願った。聖人は不思議な力によって川越しに筆を使って名号を書いてやる。

都から来たという三人の武士が、聖人に御帰洛の宣旨《せんじ》がくだったから迎えに来たと告げる。しかし、それは嘘であった。見抜かれた三人は、実はさきに殺された重丸・万千代・朝倉らの親兄弟だといって聖人を殺そうとする。そこへまたまた不思議な馬士があらわれて聖人を助け、三人を殺してしまう。そして、そこへ月増大臣が帰洛の宣旨をもってきて一緒に都へ帰る。ここにあらわれた不思議な馬士は、前にも聖人を救った清田丸の幽魂であった。

この作品は五段物ではあるが、各段をそれぞれ二段ずつに分け、十段にも及ぶ構成をもつ大作となっている。浄瑠璃の作品としては、『しんらんき』などよりも遙かにすぐれたものであるが、新羅が念仏の聖者でありながら呪術者となり、恋愛刃傷事件の重要人物として描写されているので、またもや東本願寺からクレームがついたようで、興行は中止となった。

右のことは山本唯一氏が「文学に現われた親鸞聖人(上)」(『親鸞聖人』所収・昭和三十六年刊)に紹介された一文の中にもあるのだが、この作品は、なかなか華麗なものであり、興行者側はなかなかやめられず、東本願寺から抗議されても『親鸞聖人絵伝記』『親鸞記』『花和讃新羅伝記』などと題を変えては上演を企てた。典型的な仏教芸能として「しんらんき」は根強かったが、結局はすぐれた芸能として結実するには至らなかった。

「説教源氏節」というのは、豊後《ぶんご》節《ぶし》系の江戸浄瑠璃の新内《しんない》から生まれ、それに説経祭文を加味したもので、一見、仏教と無関係のようだが、これも仏教芸能の一つである。

富士松派を脱退した加賀八太夫が、本名の岡田新内によって鶴賀新内と称して活躍したことは芸能史上で著名であるが、その哀婉《あいえん》断腸の節まわしは、新内系から出た岡本派にも伝わっていた。岡本派の祖・岡本宮古太夫は『声曲類纂』によると二世新内の弟子で、本名を岡本善蔵といったので、鶴賀から岡本を名のり、最初は美家古太夫と書いたようである。『嬉遊笑覧』には都太夫とある。同書には「岡本都太夫より岡本を名のるもの多し」とある。岡本宮古太夫の跡は、娘の初代岡本宮染が継ぎ、嘉永年間には富士松加賀八と並んで活躍した。

説教源氏節を創始した岡本美根太夫は、右の『嬉遊笑覧』にいう「岡本を名のるもの多し」の一人で、もともと新内節の浄瑠璃太夫であった。この美根太夫は江戸の人で、大阪で旗あげし、多数の門弟もでき、数人の弟子を連れてたびたび名古屋へ興行に出かけた。やがて名古屋に新しい弟子ができた。小寺玉晁著『嘉永三戌正月ヨリ同六丑歳十一月迄・戯場番付』の嘉永四年九月の項に、

説教祭文

新内ぶし　岡本美根太夫

岡本美喜松

岡本美喜□

とある。□は欠字である。おそらくこの時すでに美根太夫は源氏節の原型を創案していたのであろう。祭文と説教節を結びつけた説教祭文に着眼し、その大衆性を自己の新内節にとりいれた岡本根太夫の才覚はすぐれていた。右の番付に「説教祭文新内ぶし」と記してあるのは興味深い。説経節は享保のころに衰退してしまったのであるが、寛政のころに薩摩派が説経節を再興し、のちに若松派ができるという機運を生じて再度流行した。岡本美根太夫はその時流にうまく投じたのであった。

さらに美根太夫が渡世術にたけていたのは、江戸で生まれ、大阪で旗あげしながら芸事の盛んな名古屋に着目して、名古屋に門弟をつくり、名古屋を根城にしたことであった。名古屋における新弟子第一号は、名古屋広小路の宿屋・松惣《まつそう》の倅《せがれ》で、初代岡本美根尾太夫であった。美根尾太夫は、名古屋説経祭文（源氏節）の家元的存在となり多数の門弟を育成した。

源氏節は節《ふし》は新内の調子、文句は説経節ふうで、三味線はさほど難しくなく節まわしが固定しているため素人に向き、少し稽古すればすぐ上達する。そのためにたちまち大流行し、続々と正本ができた。台本を書くのも楽で、浄瑠璃などを少しアレンジするだけで事足りた。源氏節が名古屋で大流行したことは、創始者の岡本美根太夫にとっては大成功であった。そこで美根太夫は明治初年に今まで用いてきた「説経祭文新内ぶし」を、はっきりと「説教源氏節」と改めた。「説経」を「説教」と変えたのは、仏教が庶民生活に浸透しきった社会で「説教」の方が一般的に親しまれていたためであり、「源氏節」というのは、「平家琵琶」（平曲）が名古屋で伝承されて、よく知られていたのでそれに対して名づけたものである。人間の哀歓を語るという点では、平家同様、源氏も優るとも劣らないという主張であった。

説教源氏節の創始者・岡本美根太夫の生没年は不明であるが、尾崎久弥氏の『名古屋芸能史』によれば、明治十五年ごろに没し、享年八十三歳だったということである。明治十五年没とすれば、寛政十二年（一八〇〇）の生まれである。名古屋源氏節の初代家元ともいえる岡本美根尾太夫の没年・享年は全く不明である。

説教源氏節を名古屋で最も隆盛に導いたものは、岡本松鳶斎《しょうえんさい》（一八三六〜一八九八）であった。彼はもと大阪の人で、岡本美根太夫が大阪で旗あげして活躍しはじめた時の有力な門弟の一人で、ときどき師に従って名古屋に赴いていたのだが、ついに名古屋に定住したのである。彼が没したのは明治三十一年十二月で、六十三歳であった。

源氏節に操《あやつ》りが入ったのが何時《いつ》ごろであったのかは明らかでないが、岡本松鳶斎がはじめたものらしい。松鳶斎がまだ美住《みすみ》太夫といっていたころに、岐阜県出身の豊松藤助という人を招き、藤助に源氏節に合わせて人形を遣わせたのが最初であったといわれている。松鳶斎は多くの源氏節正本を所有していた。尾崎久弥氏の『名古屋芸能史』に十三冊・計三十八段が採録されている。『由良《ゆら》の湊《みなと》千軒長者』（三荘太夫）『小栗判官』『嫁おどし』（蓮如上人）『累《かさね》物語』などの仏教的な材料をはじめ『八島日記』『石井常右衛門』『鈴鹿合戦』『天一坊お三殺し』『四谷怪談お岩殺し』『明烏雪責』

『大江山綱館』『大江山鬼神退治』『阿古屋馴染』『義士赤垣』などが入っているが、その他に市橋鐸氏旧所蔵本三十三冊・三十二段があり、私も二冊所蔵している。これらの正本により、かつて全盛を誇った説教源氏節をしのぶことができる。岡本松鳶斎の十三回忌法要（明治四十四年十二月）の時の追善興行（名古屋・橋詰町の笑福座にて三日間）には、源氏節太夫、プロとアマとりまぜて百名以上が出演し、大盛況であったと伝えられている。

源氏節操り人形は、一時は全国に広まろうとしたが、結局あまり広がらず、名古屋地方と広島県佐伯郡廿日市町に残っただけであった。名古屋市郊外の愛知県海部《あま》郡《ぐん》甚目寺《じもくじ》町《ちょう》西今宿《にしいまじゅく》に尾張説教源氏節が長く伝えられたのが特に注目される。この甚目寺源氏節は、男太夫ばかりで、初代家元は岡本美里太夫であった。彼は本名を中村伝吉といい、西今宿の庄屋の倅であったが、若いころに源氏節道楽となり、ついにプロとなって活躍したが、明治六年に三十四歳で没した。中村家の家系は絶えて今は美里太夫の墓は無縁仏になっているようだ。中村家が絶えたのは、源氏節に熱を入れすぎたためだといわれる。

美里太夫は、初代岡本美根太夫の芸風をよく伝えたが、甚目寺において人形がいつごろから行われたかは不明である。おそらく美里太夫の時、すでに人形は用いられていたのであろう。甚目寺源氏節が使用した人形は小さなもので、一尺余のものを一人で遣《つか》っていた。両手遣いである。一間《いっけん》四方の舞台を組み、人形を高くさしあげ、人形遣いは幕にかくれて巧みに遣うのであった。大会場にはふさわしくなく、せいぜい十畳間ぐらいの座敷で見せるのが適当であった。

　二代目は岡本美寿尾太夫（本名・加藤新三右衛門）といい、明治十年代に活躍。三代目は岡本小美寿太夫（本名・山本権左衛門）で、その活動は明治二十年代から三十年代。甚目寺源氏節が最も華やかだったのは、四代目岡本美寿清太夫のころであり、彼は明治三十年代から大正・昭和にかけて活躍した。本名を吉川清兵衛といい、源氏節女芝居が脚光を浴びたころの太夫であったので、明治末から大正のはじめのころの美寿清太夫の羽振りは大変なものだったという。

　源氏節女芝居は、源氏節を一時的だが非常に有名にした。明治三十年前後に名古屋から東京に出た岡本美狭三一座が、女義太夫を圧して満都の人気を奪ったことがある。だが、すぐに禁止令が出て衰えてしまった。

　美寿清太夫は、十五、六人で一座を組み、旅興行に出たのであるが、彼は源氏節の栄枯盛衰を身をもって体験した。大正時代に入って源氏節の強敵があらわれたのだ。すなわち蓄音機と活動写真の出現であった。さらにラジオができ、トーキー映画があらわれるに及んで、源氏節はいよいよ衰退の憂き目を見ることになっていった。昭和初期の源氏節は次第に若者から見放されていった。人形を遣っても若い人たちには魅力がなく、もっぱら弾き語りばかりをおこなっていた。

　五代目の家元となったのは、岡本美寿宮太夫であるが、彼は甚目寺の人ではなく、近くの清洲《きよす》町土田の住人であった。本名は小出宮三郎。人形を遣うことなく、しかも太平洋戦争を体験しなければばならなかった。六代目岡本美寿松太夫（本名・服部松次）は、五代目美寿宮太夫とともに四代目美寿清太夫の門弟であったが、五代目を兄弟子に譲ったのであった。六代目美寿松太夫は、人形を復活し、一座を構成して甚目寺源氏節の健在を誇示したのであるが、昭和五十年三月十八日に七十一歳で他界した。現在、この人の家に源氏節正本（写本）七冊と一尺余の人形が七種類ほど残されている。美寿松太夫は生前に太夫二、三名、人形遣い四名で一座を作って興行した。

甚目寺町は、尾張四観音の一つとして名高い甚目寺観音の門前町であり、ここで仏教芸能としての説教源氏節が栄えたのは実に似つかわしい。その昔、六代目岡本美寿松太夫の家（甚目寺町西今宿）の裏隣の山本家も源氏節の家であった。前述の三代目家元・岡本小美寿太夫の家である。山本家の仏壇の中に三代目の位牌がある。法名は「実道浄相信士」。大正八年七月二十一日没。この山本家の庭に二基の石碑が建立されている。向って左の碑には中央に「岡本美寿尾太夫」（二代目家元）、右に「岡本小美寿太夫」、左に「人形師加藤善七」の三名が刻まれ、向って右の碑には十四人の源氏節芸人の名が刻まれて「大正三年十月建之」とある。源氏節なお隆盛時の建立である。

六代目岡本美寿松太夫の死は、甚目寺源氏節の終焉《しゅうえん》を意味する。六代目から芸の伝承を受けたものは一人もいない。かつて尾崎久弥氏は、源氏節をさして「年歴のある邦楽頽廃物の一」と述べた。言い得て妙であった。説教源氏節が最も得意とした哀婉《あいえん》にして猥雑《わいざつ》、庶民性あくまでも豊かで国民的ロマンスの第一とまでいわれた小栗判官物も、ついに六代目岡本美寿松太夫の死によって消え去ったようである。故尾崎久弥氏旧蔵本・源氏節正本の一冊裏表紙裏に「日本大一等源氏節岡本美住松」と大書してあった。「大一等」は「第一等」のつもりであろうが、「大」の方が面白くて力強い。源氏節太夫のプライドが誇示されていて楽しい。

新内の岡本派から出た美根太夫が、説教源氏節を仏教芸能の説経祭文から創始し、嘉永年間に名古屋一の繁華街・大須の清寿院境内でユニークな芸を披露してから百二十五年の歴史をもって、名古屋地方に深く根を張った源氏節は、その正統の灯を消した。そして今はただ、広島県佐伯郡廿日市町原の眺楽座に形が残っているだけである。遠い昔の仏教芸能も、今や仏教の面影はきわめて薄く、ただの郷土芸能としての保存が精一杯のようである。

第五章　仏教と話芸

1　講談と仏教

そもそも「講釈」とか「講談」とかいう名称は、日本の仏教界では中世のころから「説教(唱導)」の異称として盛んに用いられていたものである。

講釈・講談とは、本来、経典・史書・軍書などを講義・解釈・説明・敷衍《ふえん》することであり、仏教・儒教・神道の世界で多用されたが、特に仏教の説教において盛行した。

経典講釈というものは、法門講談として仏教界では重要なものであった。「講釈」「講談」の用語は、中世の仏教関係の文献に頻出する。『花園院天皇宸記』元亨《げんこう》二年（一三二二）十月十日の条に、「問答之次第。衆僧着座の後一僧善導の観経釈を談じ、之を講釈す」とあり、仁空実導著『西山上人縁起』（一三八六刊）には「おほよそ黒谷の門弟其《その》数多しといへども、本疏《ほんしょ》の講釈に至りては聞者はなはだすくなし」「中陰五旬の間日々の法前の講釈七七の諸尊の讃歎」とあり、『蓮如上人御一代記聞書』には「アルヒは講談又ハ仏法の讃歎」などとある。ここにいう「講釈」や「講談」は、経典・経釈書の真意を詳しく解釈して講義することをいうのである。かつて浄土真宗—真宗各派では「説教」と「講釈」が区別して行われたものである。これは説教に二系列があることを意味している。一つは、純粋の経典講釈（法語の講釈も含む）であり、今一つは演説（口演）を中心にした説教（唱導）の系列である。話芸としての講談の源流は、主として第一系列の経典講釈の方に求められねばならない。

『伊呂波字類抄』に「講説・説経・談義」とあるが、ここにいう「講説」は、純粋の経典講釈をさしている。『中右記』には、ほとんど全巻にわたって講師の講釈の記事が見える。わが国上代の仏教界を支配した顕密《けんみつ》諸宗は、経典講釈をもって布教の手段としたので、仏教における講釈の盛行は、中古以前にまでさかのぼって考えねばならない。聖徳太子の講経をはじめ、『法華経』などの講釈が盛んに行われた平安時代の日本の文化の中に、純粋な経典講釈の系列の発展を考えたい。

経典講釈の方法による説教教化は、平安時代から鎌倉時代にかけて興隆したが、鎌倉仏教が起こり、法然・親鸞の浄土教が登場すると、安居院《あぐい》流・三井寺派の節談《ふしだん》説教式の芸風通俗説教の系統のものが盛んになり、旧来の経典講釈系の説経（この場合は「説教」よりも「説経」と書く方がふさわしい）と節談説教（この場合は「説教」の方が似つかわしい）系のものとが並行して進展することになった。前者の系列が講談という話芸の成立に影響し、後者の系列が平曲・説経浄瑠璃・落語・浪花節のような「語る芸」「話す芸」の成立に強い影響を与えたことを追究することは、仏教芸能を研究する上では重要なことだ。

通俗的な立場に流れる節談《ふしだん》説教（節付《ふしづけ》説教）に較べて経典講釈の方は堅実であり、難解であり、思索的な方向をたどった一面がある。法然・親鸞・日蓮・道元・栄西・一遍らの中世仏教の祖師たちは、一方において通俗説教発展の基盤を作るとともに、一方において「法語」という経典講釈の系列の唱導体を残している。厳しい宗教体験に裏うちされた「法語」は、深い真理を示す高度な説教の役割を果した。「法語」が成立してのちは、日本仏教各宗において、その克明な講釈が説教の重要な一分野として宗学《しゅうがく》（各宗派の宗祖や派祖の教えを研究する学問）とともに研究されることになった。したがって話芸としての講釈の源流にも、経典講釈を継承した筋が一本通っていることを認識しなければならない。

太平記読み

仏教の講釈の型が確立して歴史的展開をとげていく中世に、軍記物語（戦記物語・軍談）があらわれたことは、講釈の歴史にエポックが画されたといえる。経典講釈の読み口は、説教独特の型をつくって継承されたものと思われるが、そこへ軍記物語が加わり、読み物としての工夫が一段と加えられた。『保元物語』『平治物語』『平家物語』『源平盛衰記』『太平記』などは、いずれも黙読ではなく、声をあげて聴かせることによって一層の効果を発揮するものであり、殊に『平家物語』や『源平盛衰記』は、諸行無常と浄土教信仰を説く末法思想下の説教にはふさわしいものであった。『平家物語』は「平曲」(平家琵琶)という音楽説教ともいうべき〝語り物〟となり、『太平記』は講釈という話芸となって、「太平記読み」は近世の芸能に大きな影響を与えた。

『平家物語』『源平盛衰記』や『太平記』が琵琶法師や物語僧によって中世のころに、すでに講演(口演)されたことが察知される。説教と軍記物語との深い関係は、安居院《あぐい》の唱導と『平家物語』の密接なかかわりをみても容易に考えることができる。近世講談の源として〝軍談読み〟が登場したのは、けっして忽然《こつぜん》として新しいこころみとして生まれたものではなく、旧来の説教(講釈)が次第に変形したものと見るべきであろう。

説教の世界で伝承されてきた講釈の方法が変形していく例は、戦国時代の御伽衆《おとぎしゅう》や御咄《おはなし》の衆の中にも見える。「同朋《どうぼう》」とか「物読み」とか呼ばれた人たちの中には僧形のものが多かった。宗教家ではないのに僧形の人が多かったのは、話し上手の姿として僧形がふさわしかったのであろう。話し上手のモデルは説教師だったからである。太田牛一著『大かうさまくんきのうち』(『太閤様軍記のうち』)に見える「十二番御はなししゅ」の中にあらわれる由己《ゆうこ》法眼は、八百人にものぼった豊臣秀吉の御伽衆の中でも特にすぐれた学僧であったが、講釈を通じて実社会を啓蒙する生き方をした。

話芸としての講談が、赤松法印という僧から始まったとする説は、講談の世界では常識のように伝承された。『続々武家閑談』に「赤松法印といへる者、慶長の頃家康の前に出て度度《たびたび》太平記、源平盛衰記等を進講す、世人之《これ》を呼んで太平記読みと謂《い》へり」とあることなどから、関根黙庵著『講談落語今昔譚』以下近代の諸書は、赤松法印を講談（講釈）の祖とする。

赤松法印という僧が講談（講釈）の元祖というような形であらわれるのは、経典講釈・法門講談から話芸としての講談へ、説教から話芸へという系譜を考える場合には重要なことである。ただし赤松法印という人物の実像を文献的に証明することは至難である。赤松家系図の一つである『寛政系譜』に「則村―範資―光範―満弘―教弘―元久―政資―義充―義氏―氏貞（石野を称す）―氏満（前田家御伽衆）―氏置（家康御伽衆二千百五十石）―氏照―氏任―範恭（赤松に復す、三千十石）―範主―恭富―範善―範亀」とある中の石野氏置が、徳川家康の御伽衆をつとめて軍談を講じ、『太平記』を読み、僧形となって赤松法印と称したのではないかと私は考えているが、これは単なる臆測にすぎない。この石野氏置は「赤松」を名のる資格は確かにもっていたはずである。

のちの元禄十年（一六九七）のころ、浪花の赤松梅龍とともに、江戸の堺町に葭簀《よしずば》張りの講席を設け、原昌元（僧形）の名とともに軍談を講じ、『太平記』を読んで有名だったのが赤松青龍軒である。赤松青龍軒は、名和清左衛門（赤松清左衛門）と肩を並べて江戸の講釈師として名高いが、もともと播州三木の郷士で、本名を赤松祐輔といい、伝説は不詳であるが赤松一族であることは間違いない。講談の歴史の上に赤松の名が大きくあらわれるのは興味深い。これは、名門赤松家の末裔《まつえい》が先祖の偉業を勇ましく披瀝《ひれき》することに大きな誇りをもっていたからであろう。

講釈は、仏教系だけではなく、神道系、儒教系のものがあり、講釈師も僧形のものばかりではなかったが、わが国の話芸の系譜においては仏教系を重視しなければならない。次に僧と講釈師について少し触れておく。

「太平記読み」については、まず『太平記評判秘伝理尽抄』に注目したい。『太平記』の原作者が小島法師であるとする伝承は『洞安公定日記』などから出ていると思われるが、小島法師もむろん僧であり、「太平記読み」には遊行僧がかかわっていたようである。『太平記評判秘伝理尽抄』は「太平記読み」の台本として江戸時代初期から中期にかけて盛んに用いられたものである。この書は大運院陽翁（法華法印日応）が元和八年（一六二二）に編纂したものであるが、これが伝授の書であることに注意したい。『太平記』の本文の間に「伝に云う」「評して云う」といった講釈をするものの考証などを入れたもので、講釈らしい性格をもつ。この書の末書は数種類も出され、寛文八年（一六六八）には原友軒によって『太平記綱目』が出されている。『太平記』の読み方を教え、素読・解・伝・評・通考という形式は、仏書の講釈の場合とほぼ共通しているので、やはり講釈の方式は、旧来の経典講釈の形式が踏襲されていたようである。講釈の型は、仏教・儒教・神道いずれも共通していたものと思われる。

寛文四年（一六六四）に出た江島山水の『理非鑑』上に興味深い記事が見える。現代語にしてみると「あるお寺の前を通ったところ、中からなんだか、ずいぶん大きな声が聞こえてくるので、お説教であろう、さあ聴聞《ちょうもん》しようと思って入ってみると、説教ではなくて人が大勢並んでいた。高座には四十歳ぐらいの坊主が、見台に向かって扇子で拍子をとり、作り声を出して儒教の書物を読んでいた。しばらく板縁に腰かけて聴いていたところ『大学』の序のところを細かく説いて、自分の身の上の仏法を非難していた」というのである。ここでは説教僧が『大学』の講釈をしている。これは儒教と仏教を混同して生きた近世における講釈説教の一端を示している。

「講釈」は近代に入って「講談」と一般的にいうようになったが、江戸時代にも一応の区別をしていたものもある。清田儋叟の『芸苑譜』に「講釈講談ノチガヒハ猶《なお》談義ト説法トノ如シ、書生輩へ云聞ルニハ講釈モ宜シ其外ハ皆講談タルヘシ」という説明がある。これは対象者によって方法が違うことから生じた異称について述べたもので、書生のように学問するものを相手にして行うのは講釈で、わかりやすく興味深く一般向きに講ずるのが講談であるというのだ。儋叟の説に従えば、談義と説法の区別も同様としているが、それには講釈と講談というほどの区別はないと思われる。儋叟が聴いた談義は高度なものであったのであろうか。

僧と講釈

江戸時代の中期から後期にかけては、真宗の説教が節談説教の型を完成して盛行していた。浄土宗や日蓮宗の説教も隆盛で、浄瑠璃も盛んであった。その時期に僧形をしながら、しきりに坊主の批判をしたり、僧侶（説教師）から講釈師に転向したりするものが数多あらわれた。

神道講釈書の『艶道通鑑』（正徳五年〈一七一五〉）を出した増穂残口は、六十歳近くまで日蓮宗の説教僧であったのに儒教に転じ、やがて神道に入った人物で、神主儒仏従の三教一致思想を説く特異な講釈師となった。

平賀源内の『風流志道軒』（宝暦十三年〈一七六三〉）の主人公・深井志道軒も、もとは新義真言宗の傑僧・隆光の弟子として仏道に励んだ人物であったが、還俗《げんぞく》して狂講の講釈師として名を知られた。講釈の世界で、正統的な講釈を「実講」といい、異端的な講釈を「狂講」といったのである。この志道軒が仏像や経巻を売って反仏教者となり、酒色にふけり、僧の悪口をいって魔羅坊の異名をとりながらも、なお僧形をしていたのは、やはり僧形ということが弁舌を売る商売には必要だったからである。

江戸の講釈師の中で最も有名な馬場文耕は、舌禍のために宝暦八年（一七五八）九月十六日に捕縛されたことで知られるが、彼もかつて僧侶であった。このように著名な講釈師たちが、いずれも僧侶の出身であったということは、仏教と話芸の関連を考える上で重要なことである。ついでにもう一つの例をあげておきたい。

文政年間（一八一八～一八三〇）に尾張の名古屋や熱田（宮）で『太閤記《たいこうき》』『大久保軍記』などを読

んで人気があった金山正一という講釈師は、もとは、れっきとした寺の住職であった。小寺玉晁著『見世物雑志』巻二の文政十一年五月の記事に「此の金山正一といへるは、三拾年程已前《さんじゆうねんほどいぜん》、あつた白鳥山寺中梅生院の和尚にてありしが、須賀町の中村屋とやらの娘と密通致侯由《みつつういたしそうろうよし》に、寺を立退き候者のよし。中村屋とやらは、梅生院の檀方《だんぼう》のよし。今は名古屋門前町天寧寺角に住居」とある。寺の和尚の生活に対する世間の眼はきびしかったが、この和尚は寺を追放されても講釈師で身を立てることができた。説教で会得した弁舌の技術がものをいったのであろう。説教者は弁舌をきたえていたので、講釈師や噺家《はなしか》と較べて力の差はなかったのである。

同じく『見世物雑志』巻一には、文政年間に女講釈師として活躍した円山尼のことを記している。文政五年八月の記に「円山尼大いに評判よろしく、円山尼は先年七ツ寺にて講釈せし、馬谷が娘なるよし。年三十五六歳のよし」とあり、円山尼が有名な講釈師の森川馬谷の娘であるとしているのも興味深い。この女講釈師が僧形であることに注意したい。『見世物雑志』巻三には、僧形の芸人・都々一坊扇歌が登場する。この書の全篇を眺めて気づくことは、講釈が寺を会場として盛んに行われていることだ。講釈は説教と紙一重であり、寺で行うのがふさわしかったのである。

談義僧・談義本

享保（一七一六〜一七三六）のころは、町寺仏教が隆盛で、説教は大いに栄えた。各宗ともこのころには、説教において他宗を誹謗する傾向もあったし、一般人から説教僧(談義僧)が強く非難されることもあった。『下手談義聴聞集』(宝暦四年)に「惣《そう》じて近年の談義僧は、はでを第一にして、役者の声色を、まねらるゝ是はやくしゃ違いか。今時は談義にも仏書からだんく軍書にひろがり、仏の説法すくなく、婆婆《ばば》様《さま》の軍《いくさ》しり顔聞くにおかし。又町道場辻談義は、一向に仏書読むも表むきばかりにて、方燈に仏書講釈附り義経記、忠臣蔵などとかんばん出して、念仏は時々のあひしらひ物にするゆへ、聞く人までが翌の晩は敵討《かたきうち》の所、蝦夷渡りの場、おもしろかろふと、仏書にかゝはりもせぬ。軍書はなし、其中《そのなか》へ当世もてはやす落し噺《ばなし》といふ事を入れうれしがらせ」とあるのは、完全に芸能化、大衆娯楽化した説教の姿を述べている。

このことは『英草紙』『当世花街談義』『当世不問語』『田舎談義』など多数の書物に見えている。これは節談《ふしだん》説教が芸能(話芸)として大衆の中に生きた一時代を示す。上田秋成は『胆大小心録』で「雄弁の僧は劇場の生・旦に同じ」という。江戸中期から後期にかけての説教は、まさに話芸であり、説教の会場は寄席であり、大衆娯楽の殿堂と化した一面があった。むろん仏教界全体がこのような動きをしたのではなく、高僧や学僧が続出して各宗の教学は振興していたが、庶民の中に生きていた通俗説教のあり方を無視することはできない。『柳多留』四・十九に「笑ひやむまでは高座で汗をふき」、同書三・二十八に「高座では落し咄《ばなし》も有難し」という川柳の光景は、説教者が聴衆を笑わせ、楽しませた様を詠《よ》んだものである。

三田村鳶魚《えんぎよ》氏は「評釈江戸文学叢書」第十巻『滑稽本概説』において談義物（談義本）に触れ、寺における僧の談義説教から談義物が生まれたことに言及し、さらに享保年間における説教の娯楽化、興行化について述べる。田中丘隅の『民間省要』に「若僧等、何事を云やら、上手下手の評判を専らとし、其心《そのこころ》仏法にあらず、偏《ひとえ》に狂言役者の色言、其身ぶりを覚えて、是を売る事のみ修行す」「近年の談義説法は偏に仏法の理に構はず、只《ただ》商事に似て、兎に角利の有事をのみ工夫す」「町々油見世の言立て、役者の口上を学問の第一と下心に聞習ひ、是を修練すると弘通者説法者杯《など》とよばれて済ものを目あてとするこそ口惜しけれ」とあるのは、享保期における説教の娯楽化した一面を紹介している。

前に述べたが『下手談義聴聞集』に談義僧（説教者）が忠臣蔵を口演したことが記されているのは興味深い。これは説教が講釈化していることを示す。同書が出たのは宝暦四年（一七五四）で、『仮名手本忠臣蔵』の初演（寛延元年〈一七四八〉）に遅れること六年であるが、忠臣蔵が全国に広まるについては説教も大きな役割を演じている。本居宣長は「赤穂義士伝」という一文において、延享元年（一七四四）九月に伊勢・松阪の浄土宗樹敬寺《じゆきようじ》の実道和尚が説教の高座で忠臣蔵を口演したことをかなり詳しく記録している（『本居宣長全集』第二十巻）。これは延享《えんきよう》元年のころ（『仮名手本忠臣蔵』初演より前）にすでに説教で忠臣蔵が行われていたことを立証している。

近世文学史の上で注目される談義本というジャンルが、徳川吉宗の教化政策と神儒仏に心学の教線拡張を背景にして生まれたのは、説教の歴史の上でも注意したいところである。談義本は、宝暦二年（一七五二）に出た『当世下手談義』をはじめとして次々と出版されたが『当世下手談義』の著者の静観房好阿、『当風辻談義』（宝暦三年）の著者・嫌阿弥陀仏は、ともに浄土教系（浄土宗・時宗）の僧名を名のっている。講釈師が仏教の講釈説教者の系を引いて形式だけでも僧形をするという伝統は幕末期まで続いたのである。

近世の講釈と近世小説は大いに関係があるが、そこに説教が介在することがあったのも見逃せない。馬琴の『石堂丸苅萱《かるかや》物語』、南溟の『文覚上人行略抄』、致敬の『中将姫行状記』、誓誉の『勧化五衰殿』、章瑞の『西院河原口号伝』、単潮の『勧化白狐通』、義圭の『宣唱東漸録』などは、いずれも説教・講釈・小説が関連した世相の中で生まれている。大江文坡の『小野小町行状記』（明和四年）というようなものも説教と関わりをもっている。小野小町は江戸時代の無常観を示す説教のヒロインとして、しばしば登場した。

談義本というのは、もともと説教本のことであり、『即心念仏安心決定《あんじんけつじょう》談義本』（享保十三年）、『談義本或問余説』（享保十四年）など純説教本は多い。したがって、談義本といっても、説教本か小説か区別がつけにくいものもある。それほど仏教は文学や芸能と密着してしまっていたのである。

浄土宗の名僧・祐天（増上寺三十六世。一六三七〜一七一八）の一代記は、享和四年（文化元年〈一八〇四〉）に『祐天上人一代記』が六冊も刊行され、さらに『祐天大僧正御伝記』『祐天上人年代記』『祐天上人御一代記』『祐天大僧正利益記』が続々とあらわれた。近世の僧で、これだけの一代記が出たのは珍しい。祐天は、字を愚心といい、明蓮社顕誉と号した。増上寺で出家して修行したが、名声を求めずに諸国を遊歴して相模の牛島に隠退した。祐天が増上寺に晋山《しんざん》したのは将軍徳川綱吉の求めによるものであり、大僧正という高い地位につき、上下の尊敬を集めた。八十三歳の長寿を全うしたのであるが、弟子の祐海が目黒に祐天寺を建立し、祐天を開山とした。この祐天上人が説教・講釈・歌舞伎とかかわるのは、累《かさね》の物語と関連があるためである。累の死霊が祐天上人の教化によって得脱したという説話がよく知られ、『祐天上人一代記』と『死霊解脱物語聞書』（元禄三年〈一六九〇〉刊）は深いかかわりをもっている。この祐天の伝記その他の説教の題材は、明治・大正期の講釈師によって口演され、講談本となった。

　赤松法印以後の江戸時代の講釈は、次第に話芸としての形を整えて現代に至る。元禄時代の赤松青龍軒、名和清左衛門、享保の神田伯龍子、霊全（辻談義を得意とした説教僧あがりの講釈師）から滋野瑞龍軒、成田寿仙、村上魚淵を経て、宝暦・明和のころの深井志道軒、馬場文耕から森川馬谷、赤松瑞龍、江戸後期から幕末のころに桃林亭東玉、鏑井北海（小金井蘆州）、東流斎馬琴（三代目から宝井）、伊東燕晋、錦城斎典山、一龍斎貞山、邑井一、田辺南鶴、旭堂南鱗、神田伯龍、神田伯山、松林伯円などが次々とあらわれて進展した。

　この間、文化・文政のころに講談は一気に話芸の形を整えて芸能になりきってしまうが、仏教とのかかわりは、それでも濃厚に保たれた。講談（講釈）は、もともと説教の一ジャンルであり、仏教から離れられない性格をもっている。桃林亭東玉という講釈師は僧侶の出身であり、法談を最も得意とした。この人が口演した文覚上人についての講釈は大評判であった。東玉が一方で仏教講談を得意とし、一方で世話講釈を開拓した努力は高く評価される。前にあげた霊全も、深井志道軒も金山正一も、円山尼も講談と仏教のつながりを強く示す存在であった。

仏教講談

吉沢英明氏編『講談関係文献目録―明治・大正編』を見ると、説教と講談が近代に及んでも紙一重だったことがわかる。同書に記されている仏教講談を拾ってみると『西行法師御一代記』（明治？）『三国七高僧伝』（明治十九年八月刊）、『聖徳太子御一代記』（明治二十一年三月）、『親鸞聖人御一代記』（明治二十年八月）、『親鸞聖人御実伝記』（明治二十三年十一月）、『文覚上人昔々物語』（明治十六年六月）、『中将姫蓮曇荼羅』（明治二十一年七月）、『中将姫』（明治四十三年六月・田辺南麟講演）、『文覚実伝（遠藤武者盛遠）』（明治三十三年三月・松林伯知講演）、『祐天の伝』（明治四十年八月・真龍斎貞水講演）などの講談本があげられている。

これらの仏教講談の本は続々と刊行され、盛んに口演された。説教と講談が近代に及んでも紙一重であったことは『釈迦御一代記』『親鸞聖人御一代記』『蓮如上人御一代記』『怪談累《かさね》物語』などが講釈師によって講談として口演されていることでも立証される。

明治三十五年三月における松林速記所々主・若円《じやくえん》堀田正裕が述べるところでは『釈迦御一代記』巻一（貞玉）口上に「小生去年京阪地方に参りました時、京都の講談師、元仏教の講師（説教者のこと―関山注）大万字と云ふ老人が得意に此《この》釈迦御一代を演じて各寄席に於て大入喝采《おおいりかっさい》を博した事が御座いました。夫れを小生も面白く日々傍聴いたしました」とある。これは「説教即講談」ということを意味している。

『怪談累《かさね》物語』（貞水）もまた説教そのものであった。すなわち、「拙者の今日申し上げ升《ます》る此累《このかさね》のお話しはエヽ下総の国岡田郡羽生山宝蔵寺《（ママ）》の過去帳また芝三縁山増上寺三十六世の大僧正祐天上人の御書なされましたる書物、是等《これら》から引出《ひきい》だしまして是をまとめましたる講談で、因縁と云ふものは必ず有り升るもので……」という口上が述べられている。これにより、この講談が浄土宗の説教から出ているものであることがわかる。

そのほか、仏教界における説教と同じ材料を扱った講談としては『沢庵物語』（明治三十五年四月・宝井馬琴講演）、『佐野の鉢の木』（明治四十年四月・桃川実講演）、『壺阪の沢市』（『西国三十三所観音霊験記』明治三十五年三月・神田伯龍講演）、『一休禅師』（『頓智奇談』明治三十二年九月・瓢々亭玉山講演）、『浅草寺の仇討』（『観音利正記』明治四十年五月・桃川燕林講演）、『野狐三次』（『観世音霊験記』明治？真龍斎貞人講演）、『俊寛島物語』（明治四十二年四月・邑井一講演）など枚挙にいとまがないほどである。

明治三十年代に田辺南鶴が『親鸞聖人御一代記』を、若林若円が『蓮夕上人御一代記』を口演しさらに大正に入ってからも『石山軍記』（大正三年六月・揚名舎桃李講演）、『親鸞聖人御一代記』（大正三年一月・田辺南鶴口演）、『小栗判官』（大正十年三月・宝井琴凌講演）、『日蓮記』（大正十年十二月・柴田薫講演）、『高僧三蔵法師』（『西遊記』大正十五年六月・桃川燕林講演）などの講談本が刊行されている。これらは講談と仏教の密接な関係を物語っている。

この傾向は現代にもつづき、五代目宝井馬琴は法然や日蓮の事蹟をよく読んでいた。悟道軒円玉（出家して真宗の僧となる）は、祖父江省念師に師事して節談《ふしだん》説教を学んで自己の講談に導入し、法然・親鸞・空海らの伝記を口演している。六代目宝井馬琴にも雲居《うんご》禅師など仏教の演目がある。講談師が最も得意とする「修羅場読み」の〝修羅〟が仏教語であることはいうまでもない。

2　落語にあらわれる仏教

落とし噺

落語の祖・安楽庵策伝

「落語」というのは、話の末尾に「落ち」（サゲ）がつくところに特色がある。これを「落とし噺《ばなし》」

ともいう。この「落とし噺」（落語）の元祖といわれる安楽庵策伝《あんらくあんさくでん》が、浄土宗の説教師で、彼が自らの説教話材を集めて著わした『醒睡笑《せいすいしょう》』八巻が、後世の落語に強い影響を与えたことでも、仏教と落語の密接な関係がある。

安楽庵策伝（一五五四〜一六四二）は、浄土宗西山派《せいざんは》の説教僧であり、京都・誓願寺の五十五世になった人だが、彼が落語の祖といわれたのは、落とし噺を説教の高座で実演し、その数々の話材を『醒睡笑』八巻に集録して後世に残した業績が認められたからである。寄席演芸の世界で「―の祖」という表現が、近世後期に盛んになされたことがあり、安楽庵策伝もその風潮の中で「落語の祖」とたたえられたのである。

策伝和尚は、天文二十三年（一五五四）に美濃で土岐可頼（金森定近）の子（策伝の兄は金森法印長近〈飛騨・高山城主〉）として生まれ、七歳ごろに同国浄音寺で出家して僧名を策伝といった。俗名は不詳。十一歳（永禄七年）ごろ上洛して東山禅林寺（永観堂）の智空甫叔に師事し、加行《けぎょう》（法脈相承）をして「然空《ねんくう》」の空号を得、諱《いみな》を日快といった。二十五歳（天正六年）ごろから山陽地方へ布教の旅に出て、備後・備中・安芸・備前の各地で盛んな説教活動をして、七か寺を創建・再興した。そして文禄三年（四十一歳）には泉州・堺の正法寺に入山する。この十五年間は、戦国僧として生きた策伝にとって最も激しい活躍の時代であった。乱世の中でユーモラスな芸風説教を展開した彼の話材は『醒睡笑』の中にしばしばあらわれる。策伝は、慶長元年（一五九六）に故郷の美濃・浄音寺に帰り、同寺二十五世住職として十七年間、説教教化にあたった。その間、慶長十四年には美濃の檀林《だんりん》・立政寺《りゅうしょうじ》にしばらく住したことがある。慶長十八年、六十歳で京都の大本山誓願寺（現在は浄土宗西山深草派《せいざんふかくさは》総本山）五十五世となり、京都所司代板倉重宗の依頼によって元和元年（一六一五）から九年かかって『醒睡笑』八巻を書き、元和九年に誓願寺の塔頭《たっちゅう》・竹林院を建ててここに隠居し、茶室・安楽庵で風雅な余生を送った。「安楽庵策伝」という名前はここから出ている。竹林院在住中に『百椿集《ひゃくちんしゅう》』一巻、『策伝和尚送答控』（後人題）を書き残し、寛永十九年（一六四二）正月八日に八十九歳で没した。

安楽庵策伝の落語方面における伝承を見ると、三遊亭圓朝（一八三九〜一九〇〇）が「落語及一席物《らくごおよびひとくさりもの》」という文章の中で「落語の濫觴《らんしょう》」について「太閤殿下《たいこう》の御前にて、安楽庵策伝といふ人が、小さい桑の見台の上に、宇治拾遺物語やうなものを載せて、お話を仕《し》たといふ云々」「落語のはじめ・落語のはじめは安楽庵策伝と申す者云々」（『圓朝全集』巻十三所収）と述べている。これは安楽庵策伝が、すでに江戸時代から落語の始祖として江戸の噺家《はなしか》の間で伝えられていたことを示す。また、天保十二年（一八四一）の春に月亭生瀬は『落噺千里藪』の凡例に「落し噺のはじまりは、詳かならずといへども東都の本に、天正・元和の頃に安楽庵策伝といふて咄《はなし》の上手茶の妙手あるといへり云々」と述べて、安楽庵策伝の落語史上における名声を伝えている。また、山東京伝（一七六一〜一八一六）の『近世奇跡考』巻二には「安楽庵策伝は、おとしばなしの上手なり。元和九年七十の年、醒睡笑といふ笑話本八冊をつくる云々」とある。喜多村信節《のぶよ》の『嬉遊笑覧』巻之九下の中「言語」の項には「安楽庵策伝は希世の咄上手にて、板倉侯（京都所司代板倉重宗―関山注）のために醒睡笑若干巻を著せり」と記されている。『遊芸起原』『近世作家大観』も安楽庵策伝の咄上手をたたえ、関根黙庵（一八六三～一九二三）はその著『江戸の落語』に「落語の祖安楽庵策伝」の一項を設けて「落語として其体《そのたい》をなしたるは、実に此人《このひと》を以て宗とすべし」と述べている。

『醒睡笑』には、写本で伝わるもの（広本）と整版本（略本・狭本）があり、内閣文庫本（広本）には千三十九にのぼる咄（落とし噺・笑話）が四十二項に分類してある。寛永整版本（略本）には三百十一の咄が四十二項に分けられている。この分類は策伝の説教実演の便宜上からきているのであるが、この書の序文に策伝みずから「小僧の時より耳にふれておもしろをかしかりつる事を反故の端にとめ置たり」というように、この本に収められた約一千の咄は、ほとんどすべては策伝の説教師としての生活から生まれたものである。いわば説教の話材集である。したがって『醒睡笑』は、噺本《はなしぼん》ではあるが、本来、説教本（仏書）の性格をもって成立したものである。『醒睡笑』の著作を懇請した板倉重宗は浄土宗の帰依者であった。前近代における説教は、庶民層の生活意識を典型的に示し、仏教の積極的な布教であると同時に民衆の娯楽的要求も受けとめる必要があった。安楽庵策伝の説教に〝笑い〟を中心としたものが多いのは、中世の末期から近世の初頭にかけての民衆の生活意識が反映しているからである。

安楽庵策伝は、茶人・文人としても評価されているが、彼の第一義的なものは、あくまでも浄土僧（説教師＝弁舌家）であった。『醒睡笑』から取材した咄は、現代落語にも数多く継承されている。『平林』『無筆の犬』『てれすこ』などは、その代表的なものである。これらは、策伝が今から三百九十年も前に説教の高座で実演したものである。『醒睡笑』の中には笑話が充満しているが、随所に教化性に富んだ説教そのものの話材が多くあり、説教から落語への系譜の一端を確認することができる。

『醒睡笑』は、説話文学の系列の上では、歌物語―諺物語―狂歌咄―落とし咄という系譜の中にあらわれるが、説教本の系列の上でも『沙石集』などとともに重い位置を占めている。この説教の系列の方から落語の成立を考察しようとする場合、説教僧をもって第一義的な使命を担っていた安楽庵策伝が、安居院《あぐい》の聖覚《せいかく》（前述）に発する「説法義」（「説経念仏義」）系の説教技術を会得し、さらに浄土宗西山《せいざん》流の「まんだら絵解き」を相承して、その道の宗匠と仰がれていたことは注意したい。京都・新京極の誓願寺にある『深草史』に「策伝上人は誓願寺第五十五世（中略）後水尾天皇勅して清涼殿に曼荼羅《まんだら》を講ぜしむ。弁舌爽快人をして感動せしむ」とあるのは、並々ならぬ策伝の説教の巨匠としての立場を述べたものである。このことは策伝を開基とする広島県比婆郡東城町・西方寺の過去帳にも記され、「弁河如《ク》ㇾ流《ルル》、玄理如《シ》ㇾ湧《クガ》」とある。

安楽庵策伝は、晩年には京都の巨刹《きょさつ》・誓願寺の住持にまでなったが、戦国僧として山陽地方で教化活動をした若いころは、庶民生活のまっただなかにいる一介の説教者であった。戦国―織豊―徳川という激しい時流の中に出現した多数の説教僧の中で、特に安楽庵策伝が民衆教化の一手段として、日本の説話や説教の伝統を踏まえつつ滑稽説教として諧謔談《かいぎゃくだん》をこころみ、通俗説教を通じて進んで大衆に話しかけ、庶民のこころに呼びかけ、大衆の娯楽的要求を満たし、懸河《けんが》の快弁をふるって、しかも自己の話法の中に落とし噺の方法を導入して独特の説教の型を創造することに成功したのは、落語の成立論を展開する場合には十分に注意したいところである。

安楽庵策伝のように、晩年に至って宗門最高の地位に栄進した人物が、近世戯作者たちの先端に位置し、落語の祖とまでいわれる矛盾は、近代学問の型にはまった方法では、なかなか解明し難いのであるが、安楽庵策伝は一人であり、説教の名手であったことは間違いない。もともと説教者というものは、民衆と密着するものであり、一方では所属宗派の教学的なシチュエーションの構成につながりながらも、それをみずからの才能で違った次元で個性化するものであり、そこからさらに新しい認識方法を樹立していくものである。安楽庵策伝という特異な説教僧は、その方法で八十九年の長い生涯を終えて史上に名を残したのである（拙編『説教集』〈中央公論社〉参照）。

仏教と落語

安楽庵策伝に次いで落語史上に登場する、京都の露の五郎兵衛（一六四三～一七〇三）は、辻談義

（辻ばなし）の名人であり、もとは日蓮宗の僧であった。彼は浄土真宗（一向宗）をはじめ、日本仏教各宗の説教をよく知っていたようであり、『軽口露がはなし』『露新軽口はなし』『露の五郎兵衛新はなし』『露休はなし』『露休置土産』などの内容には、説教の話材が数多く含まれている。露の五郎兵衛は露休という僧名をもち、いつも僧形で話し続けていた。これも仏教と話芸の密接な関係の一端を示すものである。

露の五郎兵衛の右の作品には『醒睡笑』の影響が見られるが、江戸落語の祖といわれる鹿野武左衛門（一六四九～一六九九）の『鹿野武左衛門口伝咄し』や『鹿の巻筆』の中にも『醒睡笑』の影響を受けたものが見られる。江戸落語中興の祖といわれる烏《う》亭焉馬《ていえんば》（一七四三～一八二二）の『無事志有意』も咄の分類は『醒睡笑』にならったものと思われる。これは、すでに安楽庵策伝が後世における落語の分類をしていたことになり、説教と落語のかかわりの深さをいよいよ認識せしめる。

江戸時代は、徳川幕府が仏教を保護したこともあり、仏教は日本人の生活に完全に浸透した。そのために仏教的な芸能がきわめて盛んに行われ、生活と一体となって仏教文化が数多く生産された。仏教がしみこんだ日本人の生活を活写した古典落語の中に仏教が入りこんでいるのは当然であり、今日に残る古典落語の中から仏教を取り除いたら、あとはまことに寥々《りょうりょう》たるものである。落語の中には、明らかに説教から取材したもの、説教そのものが落語になったと思われるものを多数見いだすことができる。特に上方落語には浄土教系、江戸落語には日蓮宗系のものが目立つのは興味深い。

仏教とかかわりの深い落語を拾ってみても『阿弥陀池』『お血脈《けちみゃく》』『鰍沢《かじかざわ》』『おせつ徳三郎』『お化《ばけ》長屋』『御座《おざ》参り』『御神酒徳利《おみきどくり》』『お文《ふみ》さま』『戒名書き』『鶴満寺』『景清《かげきよ》』『かつぎや』『大師の杵』『金閣寺』『擬宝珠《ぎぼし》』『骨《こつ》寄せ』『甲府い』『高野《こうや》違い』『黄金餅』『位牌屋』『植木のお化け』『お盆』『お見立て』『開帳の雪隠《せっちん》』『片棒』『菊江仏壇』『きらいきらい坊主』『くやみ』『御印文《ごいんもん》』『小言念仏』『五百羅漢』『こんにゃく問答』『ざこ八』『悟り坊主』『ざんぎり地蔵』『山号寺号』『三年目』『地獄八景亡者戯《じごくばっけいもうじゃのたわむれ》』『七度狐』『死ぬなら今』『十八檀林』『宗論《しゅうろん》』『寿限無《じゅげむ》』『心眼』『鈴振り』『清正《せいしょう》公酒屋《こうざかや》』『大黒』『大師の馬』『狸化寺』『魂の入れ替え』『天狗刺し』『転失気《てんしき》』『天王寺詣り』『菜刀《ながたん》息子《むすこ》』『奈良名所』『にわか泥』『錦の袈裟《けさ》』『猫怪談』『野崎詣り』『野ざらし』『反魂香《はんごんこう》』『百万遍』『法事の茶』『船徳』『法華長屋』『仏馬』『堀の内』『本堂建立』『松山鏡』『万金丹』『朝友』『幽霊飴』『らくだ』などすこぶる多い。落語の中には、一見、仏教をいちじるしく冒瀆《ぼうとく》したように見える作品もあるが、これを瀆神的な行為とか宗教への反逆と見るのは近代人の錯覚で、江戸時代の日本仏教は、もはや善悪両面の極に達し、泥沼的な一面も平気で許容されるほど日本人の生活の中に浸透してしまっていたのである。

宗派別に見ると、真言宗では『大師の杵』『大師巡り』『悟り坊主』『大師の馬』『高野違い』、浄土宗は『十八檀林』『万金丹』『小言念仏』『百万遍』『阿弥陀池』、真宗は『御座《おざ》参り』『お文《ふみ》さま

（お文さん）』『菊江仏壇』『宗論』、日蓮宗は『法華長屋』『甲府い』『鰍沢《かじかざわ》』『おせつ徳三郎』『堀の内』『清正公酒屋《せいしょうこうざかや》』、禅宗は『野ざらし』『こんにゃく問答』『野崎詣り』、融通念仏宗は『片袖』、和宗は『天王寺詣り』『菜刀《ながたん》息子』などが顕著である。

有名な『寿限無《じゅげむ》』が『無量寿経』に発する珍名の命名であることなどは今では忘れられつつある。『十八檀林』は、浄土宗の関東十八檀林を順次紹介するもので、落語としては、たいして面白くもなさそうであるが、江戸時代には『山号寺号』と同様に民衆の信仰生活と結びついて親しまれたものである。上方落語の、いわゆる旅ネタと称する道中噺《どうちゅうばなし》の代表作『地獄八景亡者戯《じごくばっけいもうじゃのたわむれ》』は説教と深いかかわりをもつ。『長阿含経』『観仏三昧経』『雑阿含経』『地蔵菩薩本願経』『十王経』などに説く地獄の様が、源信の『往生要集』や存覚の『浄土見聞集』などを通じて、説教（仏教説話）の世界でさまざまな形で口演された。その地獄巡りが民話や落語の世界に導入されたのは当然であり、『地獄八景亡者戯』は、すぐれた噺家たちの創意と工夫によって説教のパロディとして今日に伝承されている。『景清』『御神酒徳利』『船徳』『野崎詣り』などに観音信仰が含まれているのも留意したいところである。

日蓮宗系統の落語は、江戸落語の中でも重い地位を占めている。日蓮の教化の足跡が主として関東であったため、江戸にはかくべつ法華信者が多く、その信者たちの熱烈な信仰生活を背景として『法華長屋』『甲府い』『鰍沢』『おせつ徳三郎』などの落語が生まれた。中でも『甲府い』は、その内容から江戸時代の民衆の仏教に対する強い信頼感がうかがえる。古典落語は、江戸時代の風俗資料としての高い価値をもっているが、この『甲府い』は、近世における日蓮宗のすぐれた教化のあり方をもしのぶことができる。『鰍沢』は、文久元年（一八六一）のころに、三遊亭圓朝と河竹其水《かわたけきすい》（黙阿弥）が前後二席の三題噺として合作したものであるが、前を圓朝が作り、後を黙阿弥が補作している。黙阿弥は、のちに後日譚まで書くのであるが、この作は身延山詣りの旅人が、お題目のおかげで命が助かるというご利益《りやく》を示したもので、日蓮宗の信仰が背景となっている。この作のマクラには、圓朝時代から日蓮崇拝のことばがあったが、四代目、五代目の三遊亭圓生や四代目橘家《たちばなや》圓喬《えんきょう》らが日蓮の一代記を少しずつ加え、六代目三遊亭圓生に至って整った日蓮の一代記が付加された。なお、この『鰍沢』が、身延山詣りの地理案内をする部分を含んでいるのも注目したい。

禅宗系統でも『一休咄』は注目すべきものであるし、落語の『野ざらし』や『蒟蒻問答《こんにやく》』は秀作である。落語界には、この二作をこしらえたのは二代目林屋正蔵（托善〈沢善《たくぜん》〉正蔵と呼ばれ、もとは曹洞宗の僧だったといわれる）という伝承がある。これには異説もあるが、いずれにしてもこのような仏教思想や仏教の専門用語を多分に盛りこんだ名作を作るためには、相当の基礎教養が必要で、作者が僧侶あがりの噺家であることは間違いないであろう。『野ざらし』は、原作は怪談噺ふうのものであったと思われるが、現在伝わるものは三遊亭圓遊（鼻の圓遊・ステテコの圓遊）が改作したものである。それでも原作にあった仏教芸能としての話芸の妙味を部分的にも味わうことができる。

「生者必滅《しょうじゃひつめつ》会者定離《えしゃじょうり》頓生菩提《とんしょうぼだい》南無阿弥陀仏《なむあみだぶつ》」という回向《えこう》のくだりだけでも仏教落語としての価値はある。『蒟蒻問答』においては、作者は禅問答を見事にマスターし、「無言の行」「十方世界」「五戒で保つ」「三尊の弥陀」などの仏教用語を巧みに使いこなす。この作と同じような話が民話や噺本にもあるのは、説教者たちによってこの種の話が全国に広まっていたからであろう。

『松山鏡』という落語は、謡曲『松山鏡』や狂言『鏡男』（『松の山鏡』）が原話かと思われるが、民間説話にも類話が多く、おそらくは中世以前に説教者らにより全国各地に伝播されたものであろう。すべて仏典の『百喩経《ひゃくゆ》』（『百句譬喩経』）に発しているようである。『百喩経』は、経蔵の中から譬喩百条を抄出して一部としたもので、インドの僧伽斯那《サンガセーナ》が撰《せん》し、斉の求那毘地《ぐなびじ》が訳したものである。それが、いつごろ日本において謡曲や狂言に取材されたかは具体的にはわからないし、落語『松山鏡』の成立についても不明であるが、『百喩経』の中にある「宝篋《ほうきょう》の鏡」の譬喩談が基になって、それが説教者を通じて広まったものが落語化されたようである。

江戸時代には、寄席とは別に「咄《はなし》の会」（落語会）が寺院で開かれることも多かったので、そのような場合の出し物として仏教的なものが多用されたことも考えられる。こうして仏教と落語は、ますます密接な関係を保って近代に及んだのである。

人情噺と仏教

落語を大きく二つに分けると「落とし噺」と「人情噺」ということになる。落語のジャンルには、落とし噺、長ばなし、怪談噺、音曲噺、道具噺、芝居噺、人情噺などの分け方があるが、ここでは怪談噺も人情噺に含めて考察したい。

そもそも人情噺というものは、落とし噺（小咄《こばなし》も含む）に対していうのであり、ほかの落語のように〝笑い〟を押し出すものではなく、あくまでも人情の機微をうがって、しみじみと聴かせることを目標とする。人情噺の源流は、むろん説教にある。説教は、常に感銘を旨とし、人生、社会の様相を描写して教化を施してきたものである。その流れから人情噺が生じた。説教で行われていた感動的な話法が落語の世界に導入されて「長ばなし」による人情噺があらわれるのは、近世も後期に入ってからであった。

林屋正蔵と怪談噺

怪談噺は、人情噺の一ジャンルであるが、この怪談噺を確立したのは、江戸の林屋正蔵（一七八一～一八四二）であった。この人には逸話や伝説が多いが、天保六年（一八三五）正月に剃髪《ていはつ》して林泉と名のり、僧の生活に入ったことがあるのは興味深い。この正蔵の著作は、噺本に『升《ます》おとし』『笑増笑富林』『四季の園』などがあり、合巻《ごうかん》としては『尾尾屋《おびや》於蝶三世談』『鶉《うずら》権兵衛物語』『怪譚《かいだん》桂河浪』『怪談春雛鳥』などがあるが、正蔵の真価は怪談にあり、自作自演で名声を高め、世に

「怪談噺（妖怪《ばけもの》ばなし）の祖」といわれた。

林屋正蔵の業績は、怪異思想が江戸時代の民衆の実生活に生きていた時代、特にエロ・グロの頽廃趣味の盛行していた江戸末期において、歌舞伎における名作者・四世鶴屋南北（大南北《おおなんぼく》）とあいまって、講釈の世界よりも写実的な落語の世界に怪談噺を創始したことである。そのことは、時代的センスの発露として讃《たた》えられねばならない。この怪談噺の系譜は、八代目林家正蔵（〈彦六〉「林屋」は五代目から「林家」）に及び、今はその直門の林家正雀に継承されている。

林屋正蔵が、怪談噺を落語の世界に導入して成功させるについては、近世の庶民の間に古くから伝承されてきた民間信仰と結びついた怪異談の系譜について考えねばならない。亡霊を主にした怪異談は説教でもよく口演されたものである。江戸時代の初期にあらわれた真宗（一向宗）の大説教者・浅井了意の『御伽婢子《おとぎぼうこ》』（寛文六年）や禅宗（曹洞禅）の鈴木正三による『因果物語』（寛文年間）などに端を発し、享保の『奇異雑談集』を経て、上田秋成の『雨月物語』に達する怪異小説や、歌舞伎界に出現して生世話《きぜわ》狂言を大成した四世鶴屋南北らの怪異・因果の作品成立の意義を、正蔵はよく見て、時代の動きと民衆の要求を敏感にとらえたのであった。

江戸時代の怪異談ブームは元禄期に起こり、享保以後もその傾向はずっと続き、文化・文政期に至って全盛時代を迎えたのである。四世鶴屋南北（大南北）についていえば、『東海道四谷怪談』もさることながら、文政六年（一八二三）六月に江戸・森田座で上演された『法懸松成田利《けさかけまつなりたのり》剣《けん》』（二番目序幕は「色彩間苅豆《いろもようちょっとかりまめ》」（として有名）は、累《かさね》狂言としてよく知られる。この作品で南北は、一番目を『日蓮聖人一代記』で仕組み、二番目に『祐天上人一代記』（累解脱物語《かさねげだつ》）を出している。累《かさね》の説話は、三遊亭圓朝の『真景累ケ淵《しんけいかさねがふち》』にまで及ぶ。累の恐るべき因果の物語は、元禄三年（一六九〇）刊行の『死霊解《しりょうげ》脱《だつ》物語』に発している。これは浄土宗の説教本に属するもので、『祐天上人一代記』による説教そのものと考えてもよい。これが説教譚であることは大いに注目したい。浄土教説教の譬喩因縁談が日本の代表的な怪異談ともいうべき累の物語を生んだことになるからである。

因果と輪廻《りんね》を説く仏教的な怪異譚は、江戸時代の民衆が長期にわたって耳にし続けたものであった。すぐれた作品や芸を創造するためには、鋭敏な時代感覚を必要とする。大南北も正蔵もそれを果たしたのである。『四谷怪談』や累《かさね》の怪談は大阪の落語界にももたらされ、立川三五郎は道頓堀の角ノ芝居や中ノ芝居にまで出演してそれらを上演した。文化・文政期から幕末にかけて怪談噺は東西で流行した。

三遊亭圓朝と仏教

人情噺という特異な話芸を完成し、落語の歴史の上ばかりでなく、日本文化史上に大きな足跡を残した三遊亭圓朝（一八三九〜一九〇〇）の業績は、まさに偉業の名にふさわしいものであった。『圓朝全集』十三巻によってわれわれは、ほぼ完全にありし日の圓朝の才と芸とを知ることができる。たとえ、速記に不備なところがあっても、声の記録が残っていなくても、また圓朝の手直しがあったとしても、生きた圓朝のことばの型は察することができる。『圓朝全集』の中には、数々の名作がすべて収録されているが、それらの作品の中で注意すべきは、人情噺が単なる人情だけではなく、怪談噺が単なる怪談だけで終わっているのではないということである。そこに示される仏教的因果の絵相は、まさに「圓朝まんだら」ともいうべき見事な説教が展開されている。したがって圓朝を理解するためには、どうしても仏教の立場からの究明が必要である。

人情噺というものは、広い内容をもっていて、圓朝の作品の場合には、芝居噺・怪談噺・伝記物・翻案物・随談・落とし噺のすべてが人情噺に含まれると考えてもよい。普通、圓朝の人情噺は、永井啓夫氏著『三遊亭圓朝』（青蛙房）によれば『文七元結《ぶんしちもっとい》』『粟田口霑笛竹《あわたぐちしめすふえたけ》』『業平文治漂流奇談《なりひらぶんじひょうりゅうきだん》』『敵討札所の霊験《かたきうちふだしょのれいけん》』『霧隠伊香保湯煙《きりがくれいかほのゆけむり》』『熱海土産温泉利書《あたみみやげいでゆのききがき》』『正談月《せいだんつき》の鏡《かがみ》』『闇夜《やみよ》の梅《うめ》』『松《まつ》と藤芸妓《ふじげいしゃ》の替紋《かえもん》』『操競女学校《みさおくらべおんながっこう》』『梅若七兵衛《うめわかしちべえ》』などが分類の中に入れられているが、伝記物の『後開榛名梅ケ香《おくれざきはるなのうめがか》』『塩原多助一代記《しおばらたすけいちだいき》』『月謡荻江一節《つきにうたうおぎえのひとふし》』などは卓抜な人情噺であり、怪談噺の『真景累ケ淵《しんけいかさねがふち》』『怪談牡丹燈籠《かいだんぼたんどうろう》』『怪談乳房榎《かいだんちぶさえのき》』は、怪談噺でありながら圓朝の長編人情噺三部作と称せられる名作である。圓朝は、怪談噺においても決して幽霊を出して人々を怖《こわ》がらせることを第一の目的として創作したのではなく、仏教の因果応報や輪廻の思想を背負いながら、日本民族の底に流れる真精神を、哲理をもって解明しようとしたのである。

芝居噺でも仏教は随所にあらわれる。『菊模様皿山奇談《きくもようさらやまきだん》』の情緒、『緑林門松竹《みどりのはやしかどのまつたけ》』の工夫、『雨夜《あまよ》の引窓《ひきまど》』の手法、『双蝶々雪《ふたつちょうちょうゆき》の子《こ》別《わか》れ』の演出など、すべて高い次元の話芸であって、速記からでも十分に感銘が得られる。翻案物でも『名人くらべ』『松《まつ》の操美人《みさおびじん》の生埋《いきうめ》』『黄薔薇《こうしょうび》』『名人長二《めいじんちょうじ》』は、やはり人情噺の名作といえる。

圓朝は『鰍沢《かじかざわ》』『大仏餅《だいぶつもち》』『死神《しにがみ》』『芝浜《しばはま》』『黄金餅《こがねもち》』『にゅう』『世辞屋《せじや》』『心眼《しんがん》』『士族《しぞく》の商法《しょうほう》』『笑い茸《わらいだけ》』『一人酒盛《ひとりさかもり》』などの多数の落語も口演しているが、三題噺でも一席物でも、そこには常に厳しい修業と宗教的情操に裏づけられた創意が見られる。一見、反仏教的のように見える『黄金餅《こがねもち》』にも、庶民生活に浸透しきった日本仏教の一面の姿が描写されていて、なかなか面白い。圓朝の仏教説話に関する知識は深く、噺家としてのすぐれた識見と技術をもって因果の相を描いてみせた。いうまでもなく、仏教の神髄は因果論ではないが、江戸から明治にかけて伝承されていた日本古来の仏教民間説話と信仰の形態を圓朝はよく把握していたのである。

圓朝は、噺の中でよく幽霊をあつかった。幽霊の生成や消滅の原理を合理的に描いてみせた。これは仏教の輪廻思想によるのである。『真景累ケ淵』に例をとるならば、この作で幽霊となるのは、あんま宗悦、新左衛門の奥方、宗悦の娘の豊志賀とお園、新吉の誘惑する羽生屋の娘お久、新吉の妻お累《るい》の六人で、幽霊ではないが、新吉が駕籠《かご》の中で見る夢に兄新五郎があらわれる。これらの幽霊の扱い方に注意したいところだ。

圓朝の怪談は、突如として生まれたものではなく、庶民の間に古くからあった因果観が、仏教による民間信仰と結びついた神秘観として強くとらえられたものである。圓朝の怪談にあらわれる仏教的因果は実に整然としていて彼の仏教への造詣の深さを思わせる。しかも『真景累ケ淵』は、圓朝が満二十歳になった安政六年の作である。この若さであれだけの因果の系列を活写してみせることは、仏教の基礎教養がなければまず不可能である。『圓朝全集』に収まる『真景累ケ淵』は、むろん後年の補作によるものであろうが、初演のころの『累ケ淵』は、圓朝がよく聴きこんでいた説教の因果話からヒントを得て、説教高座の方法を巧みに移したことが想像できる。そうでなければ、いかに秀才の圓朝といえども、二十歳ぐらいの若さで、あれだけ精巧な仏教的因果系列を描くことは不可能だからである。汲めども尽きざる仏教思想の宝庫ともいえるのが圓朝作品であるが、特に『真景累ケ淵』と『怪談牡丹燈籠』は、仏教思想を根底にして成立していることは間違いない。

圓朝は、いったいどこで仏教を学んだのであろうか。

まず、圓朝の兄が僧になっていたことに留意しなければならない。すなわち圓朝の異父兄の玄昌《げんしょう》は、幼名を徳太郎といったが、母と住んでいた江戸・谷中三崎で、近くの寺の僧の生活に興味をもち、いつも坊さんの真似をして遊んでいたのを見出されて、日暮里の臨済宗・南泉寺へ入って出家したのである。彼は十六歳で京都の東福寺に入って修行し、江戸に帰って南泉寺の役僧となり、のちに谷中・長安寺の住職となり、さらに小石川・是照院の住職に栄晋《えいしん》し、名を永泉と改めたが、文久二年（一八六二）十一月二十一日に三十三歳の若さで惜しまれながら永眠した。

圓朝は、弘化二年（一八四五）の三月に七歳で小圓太と名のり、江戸橋土手倉の寄席に初出演したが、兄の玄昌から忠言されて、たびたび休演し、紙屋へ奉行に出たり、浮世絵の勉強をしたりしたことがあったが、重要なのは、十四、五歳のころに兄の玄昌が住む谷中の長安寺に母とともに同居して、兄から仏教による学問を授かり、本堂に独坐して勉学に励んだことである。このころに圓朝は経典を読誦し、篤学の玄昌から仏教を学び、長安寺や他の寺院で行われる説教を聴いて基礎教養を身につけたものであろう。聡明な圓朝の研鑽《けんさん》ぶりは、われわれの想像をはるかに越えるものがあったであろう。圓朝が幾度も参禅し、天龍寺の滴水老師から「無舌居士」の居士号を四十二歳の時に授けられたことはよく知られている。圓朝存命中の説教の譬喩因縁談は、幽霊の因果譚が多かったことから、圓朝の取材の様子が推察される。

圓朝は結局、噺家として身を立てることを決意し、十七歳の時に圓朝と改名して場末まわりの真打ちとなったが、落語の世界に仏教を生かすことを考えたであろうことは、二十歳で着手した『真景累ケ淵』の仏教因果系列を見れば察知できるのである。圓朝が生涯を通じて幾度も仏事を営んだり、寺へ行って高座をつとめたり、参禅に身を入れたりしたことは、圓朝と仏教について考える場合、見逃すことができない。

圓朝の怪談噺は、人生の種々相を描くところに究極の目的があった。圓朝の描く人間社会は、親と子、男と女の因果系数で動き、仏教的自然観と人間観にしばられ、その生々流転の相に乗って物語が展開していく。この過程については、かつて尾崎秀樹氏がすぐれた見解を述べられたものである（同氏「三遊亭圓朝」〈『小説会議』15・16〉）。『真景累ケ淵』の筋を追うと、宗悦からその娘へ、豊志賀から新左衛門の息子へ、めぐりめぐってついに比丘尼のお熊へ話が戻ってくるのは、人情噺や怪談噺が、民衆の自然観や人間観に根強く浸透していた仏教輪廻思想の軌道（説教者の説教）と同じようなものであることに気づくのである。圓朝が描く幽霊が、仏教の因果応報説や輪廻思想をきわめて濃厚に背負っているのは、おそらく説教から話を導入したからであろう。

明治の文明開化の世の中になってから圓朝は『真景累ケ淵』の冒頭に、幽霊について「眼に見えないものは本来ないものなのだ、なんでも眼の前にあるものでなければ存在するとはいえない」という現実主義者や合理主義者の説を強く批判し、「一体ないというのが迷いである」——見えないものが見えてこなければならぬ、と説いた釈尊の金言を引用して、悪いことをしない人にとって幽霊は存在しないが、人を殺したり盗みをしたり、いわゆる仏教の戒律を犯したものには幽霊が出て、きびしく戒めるのだという意味のことを述べて巧みに説き明かしている。

『菊模様皿山奇談』『鏡ケ池操松影』ほか数々の圓朝の作品には、仏教に発する所説が至るところにあらわれる。神経病まで持ちだして開花風に装いながら、因果応報の古い説教を新鮮味のあるものにして圓朝は寄席の高座で演じていた。

日本の話芸は、説教から派生している筋があるが、その集約の形を圓朝の人情噺にみることができる。江戸時代後期から明治にかけて出現した多数の噺家たちは、ほとんど仏教を熟知していた。圓朝もその一人であった。近代思潮がややもすれば西欧文明の移入に汲々としているうちに日本の伝統を継承することを忘れ、伝統文化に対する論理の視点が狂い、なんでもない、ごく当たり前の筋道がわからなくなり、仏教と話芸が別のもののように考えられるようになってしまった。近代学問に従うわれわれは、このことを謙虚に反省しなければならない。落話界の巨匠・三遊亭圓朝を作りあげたものは、むろん仏教だけではないが、圓朝の根本思想に仏教があったことは確認しておく必要がある。

圓朝の『真景累ケ淵』をよく読むと、多くの仏教説話が自家薬籠中のものとされていることがよくわかる。越後親不知《おやしらず》の話、累与右衛門《かさね》の累物語が豊富に採用されている。累《かさね》の物語が説教話材であることはすでに述べた。四世鶴屋南北の生世話《きぜわ》物に根拠をおき、お久殺《ひさ》しを羽生村に近い累ケ淵で展開し、草刈鎌を因縁の象徴として作りあげることに圓朝は成功した。こうして圓朝は、曲亭馬琴以来の勧善懲悪を、歌舞伎作者の黙阿弥に先んじて越えたのである。

圓朝は幽霊を扱うのに『源氏物語』などにも見られた古い「物《もの》ノ怪《け》」の思想を用いている。「物ノ怪」に二種あることを圓朝は心得ていた。『真景累ケ淵』の中で「執念ぶかい人は、生きていながら幽霊になることがございます。もちろん死んでから出るときまっているが、私は見たこともございませんが、随分生きながら出る幽霊がございます」と述べている。幽霊には生霊《いきすだま》と精霊《しょうりょう》と二種類があって、執念深い女は、よく生霊を出して作用するというのである。仏教では、女の執念が生霊として動くときは「女人教化《にょにんきょうけ》」という説教が行われた。圓朝が描く女人《にょにん》は、実に救い難い死をとげるのであるが、圓朝の心の底には常に「女人教化」があったであろう。

圓朝の話芸創造の方法は『怪談牡丹燈籠』においても布石の点で同じである。因果と恋と妖異《ようい》が交錯しながら進展していく。これは大南北も黙阿弥も圓朝もおおむね共通している。江戸後期の芝居や噺に見られる常套的なドラマツルギーである。『牡丹燈籠』は、最初は圓朝が道具噺で演じたものであったが、坪内逍遥はこの作に序文を寄せ、古道人が次のように述べている。

世の中には不可思議無量のことなしと言いがたし。ことに仏家の書には奇異のことを出し、これを方便《ほうべん》となし神通《じんづう》となして衆生《しゅじょう》の済度《さいど》の法とせり、この篇に説くところの怪事もまた凡夫《ぼんぷ》の迷いを示して、凡夫の迷いを去り、正しき道に入らしむる栞《しお》りとするためなれば、事の虚実はとまれかくまれ、作者の心を用うるところの深きを知るべし。

『怪談牡丹燈籠』創作の意図は、この序文に尽きている。この作は圓朝が二十四、五歳のころの作であり、その発想が凡夫（聴衆＝読者）を正しい仏道に導くための説教からきていることは明らかである。つまり『牡丹燈籠』は説教の方法で創作されたといえるのである。『牡丹燈籠』では、新三郎がお露の亡霊に見こまれるくだりや、有名な下駄の足音の部分は、聴かせるためのすぐれた技巧ではあるが、全篇の眼目ではなく、平左衛門が孝助にみずから敵《かたき》と名のらずに討たれてしまう苦心のところや、伴蔵が栗橋に帰ってから精霊からもらった金を元手に不義の富を獲得してお国の色香に迷い、嫉妬する女房をなきものにするところも一括して一篇の説教と考えるとき、そこに展開する因果譚を仏教の観点から十分に評価することができる。

圓朝が『牡丹燈籠』を作るについて、中国・明《みん》の『剪燈新話《せんとうしんわ》』の原本によったということを説く人があるが、それは無理であろう。圓朝は、浅井了意の『御伽婢子《おとぎぼうこ》』によったものと思われる。近世初期の浄土真宗の大説教者であった浅井了意が書いた『御伽婢子』の中にある「牡丹燈記」は『剪燈新話』からの翻訳、翻案と思われるが、その『御伽婢子』の中の荻原《おぎわら》新之丞が萩原《はぎわら》新三郎の基になっていると考えるのが妥当であろう。圓朝が古い怪異譚を探索したことは考えられるが、中国の原典を読んだとは思えない。圓朝は間違いなく『御伽婢子』によったのであろう。牡丹燈を亡霊に携行させることは、わが国の説教や絵画・文学作品にしばしばあらわれる。浅井了意が『御伽婢子』や『狗張子《いぬはりこ》』に表出した話は説教の話材と考えてよい。

圓朝は『累ケ淵』や『牡丹燈籠』において女の執念をすさまじく描写した。圓朝の実子の朝太郎を生んだお里や、圓朝の妻のお幸は圓朝をひどく悩ませた。そのためか圓朝は、勝手、わがままで、執念深い女性を作品によく扱っている。それは圓朝の女性観を示すものでもあった。『累ケ淵』の豊志賀の怨霊《おんりょう》などは、圓朝の女性に対する悲しい詠歎の声ともなっている。

説教の「女人教化」(女人往生)は、圓朝にとっては重要であった。『累ケ淵』では怨霊は救いの方向へしばしば流れる。男の執念は女ほど強くない。この作における幽霊の動きは、おしずと新吉が殺した惣《そう》右衛門の子の惣吉が出家してあらわれ、その僧形を見た新吉、おしず、お熊が悟ることで解消される。そして、惣吉が還俗《げんぞく》して花車重吉の援助で仇討ち本懐をなしとげる。圓朝の長篇人情噺は、仏教の因縁談そのものであり、全体に仏教的倫理観がみなぎっている。まさに『真景累ケ淵』は、長い〝続き説教〟の様相を呈している。

三遊亭圓朝は、仏教と話芸の密接な関係を示す最後の大物噺家であった。圓朝の仏教は現代の仏教学者から見れば、正しい仏教の受けとり方をしていなかったといわれるかも知れない。しかし、明治以前の民間信仰の根強さを否定もしくは軽視しては、日本仏教史や庶民文化史の真実の姿は理解できないであろう。圓朝が描いた怪異は、間違いなく日本仏教が作りあげた幽霊であり、しかもそれを圓朝は、つとめて自然科学的な解釈で描こうと努力した。そこに近代人となった圓朝の苦心があった。圓朝の創作上の苦心のほどは『怪談牡丹燈籠覚書』などで如実に知ることができる。

圓朝は『真景累ケ淵』『怪談牡丹燈籠』『怪談乳房榎』の三部作のほかにも、『菊模様皿山奇談《きくもようさらやまきだん》』『鏡ケ池操松影《かがみがいけみさおのまつかげ》』に仏教的な所説を随所に述べている。『緑林門松竹《みどりのはやしかどのまつたけ》』にも念仏の語があらわれる。『雨夜《あまよ》の引窓《ひきまど》』には辻堂が、『双蝶々雪《ふたつちょうちょうゆき》の子別《こわか》れ』には多田薬師、『後開榛名梅ケ香《おくれざきはるなのうめがか》』には東光院、正願寺(正観寺)、明光寺(明光院)があらわれ、御嶽《おんたけ》信仰も入っている。『塩原多助一代記』

の「青の別れ」には『釈迦八相記』を用い、『月謡荻江一節《つきにうたうおぎえのひとふし》』では出家の姿が描かれる。『粟田口《あわたぐち》霑笛竹《しめすふえたけ》』では総寧寺での殺しがあって、位牌と婚礼という趣向がある。『業平文治漂流奇談《なりひらぶんじひょうりゅうきだん》』には「お百度詣り」の描写がある。『敵討札所《かたきうちふだしよ》の霊験《れいけん》』には悪僧が登場するが仏教色は濃厚である。特に終わりの方に、お継が父の法事を「極楽水自証院」で営むくだりがあるが、これは圓朝の兄の玄昌（このころは永泉と改名していた）が住持していた「極楽水是照院」のことである。少年少女の巡礼の姿を美しく描くこの作は、仏教に深く根ざしている。

『熱海《あたみ》土産《みやげ》温泉利書《いでゆのききがき》』は、三右衛門の念仏宗帰依、念仏三昧の余生など浄土教をよく調べて創作したものである。興禅寺や、浄土宗の僧で特異な名号を書いて知られる教化者・徳本行者《とくほんぎょうじゃ》（一七五八～一八一八）の念仏塚、念仏山を詳しく調査して噺の中へ導入している。この作にあらわれる三島の龍沢寺は、山岡鉄舟と関係の深い寺院であり、かつて圓朝は、自分の子の朝太郎をこの寺へ預けたことがあった。『闇夜《やみよ》の梅《うめ》』にあらわれる「谷中長安寺の玄道」というのは、谷中の長安寺に住んでいた圓朝の兄の玄昌をモデルにしている。

翻案物の『名人くらべ』（『錦の舞衣』）の中段において、伊豆・吉浜の仮寓で荻江露友が芸道の奥義を説くくだりがある。ここには禅の修行を積んだ圓朝の仏教思想が示されていて感銘度が深い。末尾のところに、日暮里《にっぽり》の南泉寺の墓地に狩野毬信とお須賀の墓が残っていることが述べられている。南泉寺は圓朝の兄の玄昌が修行した懐かしい寺である。『松操《まつのみさお》美人《びじん》の生埋《いきうめ》』では、古寺で行われた土葬などの仏教風俗を描き、『名人長二』には仏壇、法事があらわれる。西洋のものから取材しながら仏教色を盛る圓朝は、やはり江戸時代に心をきたえた純粋の日本人であった。北海道で取材した作品でも『椿説蝦夷《ちんせつえぞ》なまり』において妙林尼や真念尼を描き、春声尼の札幌・中央寺建立を述べている。『圓朝遺文』によれば、かつて圓朝は、箱根へ行ったときに、早雲寺の説教の場で、『塩原多助一代記』を口演して参詣人に感銘を与えたという。

三遊亭圓朝の人情噺と仏教との関係は、きわめて密接なものがある。これは、圓朝が特別に仏教を学問的(学術的)に深く研究していたというのではなく、ごく自然に仏教的解釈に基づいた数々の人情噺・怪談噺を創作したのである。江戸時代の日本人の生活と仏教が密接不離であったということは、圓朝の人情噺について考える場合には特に重要である。圓朝は、かつて前近代の日本人のほとんどすべてが信じた仏教をよく掘りさげて、説教の高座に登場する譬喩因縁談を、表現技術の上ではるかにそれを超えた見事な人情噺を、話芸として創造することができたのである。

今はもう行われなくなったが、江戸時代から明治にかけての寺院の説教の高座(夜席)では、因果話が盛んに語られたものである。それは昭和十年代に及んでも所によってはまだ行われていたものである。説教には昼席と夜席があり、夜席に怪談があったのは、効果的だったからであろう。ロウソクやランプの薄暗い夜席で話し続けた圓朝の長い人情噺や怪談噺の世界は、一種の説教の姿でもあった。ただし、この場合に、説教がすべて霊験談や因果話ばかりだったと考えるのは大きな誤りだが、説教の譬喩談は実に多種多様であった。

明治の文明開化は、前近代人の圓朝を大いに困らせた。そのため圓朝は、旧作『真景累ケ淵』の冒頭にあえて「怪談ばなしと申すは近来大いに廃《すた》りまして、あまり寄席《せき》でいたす者もございません。と申すものは、幽霊というものはない、まったく神経病だということになりましたから、怪談は開化先生がたはおきらいなさることでございます。それゆえに久しく廃っておりましたが、今日になって見ると、かえって古めかしいほうが、耳新しいように思われます」と付け加えねばならなかった。

現代人のわれわれが圓朝を論じ、圓朝について語るときには、まずこの圓朝のことばをよくかみしめてかかりたいものだ。新しがりやの開化先生がたでは圓朝を理解することはできなかったのである。信夫《しのぶ》恕軒《じょけん》の意見を入れて圓朝が『累ケ淵』の上にわざわざ「真景（神経）」と冠したのは、明治の急激な社会変貌の中にはまりこんでしまった圓朝の苦肉の策であり、近代に生きようとする噺家らしい配慮であった。

明治に入ってからの圓朝は、進取の気象をもって西洋人情噺にも挑んだが、やはり彼が到達したところは江戸落語の完成であって、近代落語の創造はできなかった。日本の話芸史における「仏教と話芸（落語）」という強い絆《きずな》は、圓朝の死とともに次第に切れていくことになった。仏教によってつちかわれた三遊亭圓朝の人間性は、まことに魅力的である。多くの門弟たちが圓朝の高徳を慕ったのであるが、何よりも圓朝の辞世の句「目を閉ぢて聞き定めけり露の音」（東京・谷中・全生庵の圓朝の墓碑には、上五句が「聾《みみし》ひて」と改作されている）には、仏教的な〝悟り〟の境地がよく示されていて深い感銘を覚える。

仏教を背景にして、仏教を心の底流にした三遊亭圓朝の芸風は、圓朝直門の一朝《いっちょう》から八代目林家正蔵（林家彦六）や六代目三遊亭圓生に伝えられ、仏教と話芸の絆は、昭和五十年代までこの二人の怪談噺・人情噺の中に継承されていた。ともに圓朝ものを口演したが、圓生は昭和五十四年九月三日に七十九歳で急逝し、正蔵（彦六）は昭和五十七年一月二十九日に八十六歳で没した。圓生は「芸は悟りのようなものだ」「噺は心で聴くべきもの」、正蔵（彦六）は「人間は、いつも新しい研究をしていれば、世の中、ちっともこわくありません。じっとしているとこわいこともあります」という名言をこの世に残して仏の国へ旅立って行った。ともに名人の至言として感銘深いものがある。

ややもすれば軽く見られがちな寄席演芸の世界にあって、ひたすら研鑽を続けた圓生、正蔵（彦六）のような噺家は当分あらわれそうにもない。二人は生前、芸道上のライバルだったが、いかなる時代風潮にも流されることはなかった。異質ではあったが、二人とも常に神仏を崇敬する篤信家で、求道者としての一面を具備していた。このことは一般にはあまり知られていないが、その二人の人間性は崇高なものであった。ことに正蔵（彦六）は、いつも無縁仏を供養し、寺院での催しに出演する時には、必ず賽銭を仏前に供えて礼拝をおこたらなかった。みずから「正蔵坊」と称したことである。

この昭和落語界の巨匠二人の死によって、話芸に潜在してきた仏教的な陰翳《いんえい》は、いよいよ消え去ろうとしている。そして、十代目金原亭馬生は「同じ道ふりむきもせず蟬時雨《せみしぐれ》」、六代目笑福亭松鶴は「煩悩を我も振分《ふりわ》け西の旅」と吟じて仏国に赴いた。五代目松鶴の遺志をよく受けついだ六代目松鶴の「西の旅」は、噺家として、人間としての苦悩を超克し、自己の「生」を確認した上での開眼の姿であって、その教訓の意味は深い。ここにも日本仏教の「こころ」は、よく生きている。

本書は、一九八八年刊の『庶民文化と仏教』を
『庶民芸能と仏教』と改題し、新装版にした。

著者略歴

関山和夫（せきやま　かずお）

1929年，愛知県に生まれる。1952年，大谷大学文学部卒。国文学（仏教文学・近世芸能）専攻。東海学園女子短大教授を経て，

現在：佛教大学文学部教授。文学博士。

1964年，第12回日本エッセイストクラブ賞受賞。

1977年，芸術選奨文部大臣新人賞受賞。

1984年，愛知県芸術文化選奨文化賞（話芸研究会主宰）受賞。

〈主要著書〉『安楽庵策伝』『説教と話芸』『中京芸能風土記』『寄席見世物雑志』『説教の歴史的研究』『説教の歴史』『話芸の系譜』『仏教と民間芸能』『落語風俗帳』『落語食物談義』『落語名人伝』『校注醒睡笑』『説教集』他。

庶民芸能と仏教

2001年6月20日　新装版1刷
2002年1月20日　新装版2刷

著者　関山和夫
発行者　鈴木正明
発行所　大蔵出版株式会社
112-0015　東京都文京区目白台1―17―6
TEL 03-5956-3291 FAX 03-5956-3292
印刷　株式会社　厚徳社

装幀　樋口　新

ISBN 4-8043-3055-0 C0015